送给我的儿子

球球

自律的孩子成学霸

如何激发孩子的学习动力和学习韧性

凌笑妮 —— 著

北京理工大学出版社
BEIJING INSTITUTE OF TECHNOLOGY PRESS

版权专有　侵权必究

图书在版编目（CIP）数据

自律的孩子成学霸：如何激发孩子的学习动力和学习韧性 / 凌笑妮著 . -- 北京：北京理工大学出版社，2023.3（2024.11重印）

ISBN 978-7-5763-1750-3

Ⅰ . ①自… Ⅱ . ①凌… Ⅲ . ①家庭教育②中小学生—学习方法 Ⅳ . ① G782 ② G632.46

中国版本图书馆 CIP 数据核字（2022）第 186075 号

出版发行 /	北京理工大学出版社有限责任公司
社　　址 /	北京市海淀区中关村南大街 5 号
邮　　编 /	100081
电　　话 /	（010）68914775（总编室）
	（010）82562903（教材售后服务热线）
	（010）68944723（其他图书服务热线）
网　　址 /	http://www.bitpress.com.cn
经　　销 /	全国各地新华书店
印　　刷 /	唐山富达印务有限公司
开　　本 /	880 毫米 × 1230 毫米　1/32
印　　张 /	8.625
字　　数 /	190 千字
版　　次 /	2023 年 3 月第 1 版　2024 年 11 月第 3 次印刷
定　　价 /	58.00 元

责任编辑 / 封　雪
文案编辑 / 毛慧佳
责任校对 / 刘亚男
责任印制 / 施胜娟

图书出现印装质量问题，请拨打售后服务热线，本社负责调换

本书赞誉

笑妮的新著《自律的孩子成学霸：如何激发孩子的学习动力和学习韧性》，强调培养孩子学习的自律性，与本人提倡的"热爱、用心、努力、认真"八字箴言相契合。该书从教育的底层逻辑出发，提供了大量简单有效的方法，帮助家长培养出当下热爱学习、长远有学习后劲的孩子，是一本非常适合家长阅读的图书。

——李永舫　中国科学院院士 博士生导师

怎样让孩子的学习能够主动和高效，一直以来都是家庭、学校以及社会共同关心的话题。笑妮的这本书既有方法，又有方法背后的教育依据，授之以鱼，更授之以渔，有助于家长朋友们培养出自律、高效、终身学习的孩子。

——占肖卫　北京大学教授 博士生导师

《自律的孩子成学霸：如何激发孩子的学习动力和学习韧性》这本书中列出了很多家长们熟悉的场景，将孩子们在日常学习中出现的问题一一呈现。同时，也提供了很多简单有效的策略和方法。这是一本非常值得家长们阅读的书。

——任全红　北京市"紫禁杯"优秀班主任

作为一名富有经验的老教师，我看过、听过无数的教育经验分享，但是当我看到这本书时却如获至宝，恨不能马上将带着印刷余温的它分享给我的同伴和家长。凌笑妮博士从专业的角度分析了儿童行为背后的原因，并给出简单可行的方法。同时提出"学习韧性"的概念，助力孩子人生长跑。这是一本教师和家长的手边书，可以让茫然中的我们增长教育智慧，缓解教育焦虑，为孩子的成长赋能。

——杨雪飞　北京市语文学科骨干教师，海淀区优秀班主任

发愁孩子成绩不好的家长，笑妮老师这本书能给你希望。要让自己的孩子成为学霸，不是让他们简单刷题拿高分，而是要用对的方法激发和培养孩子的学习热情和学习韧劲。这本书能够帮助家长让孩子真正找到学习的乐趣，保持自主、高效、持之以恒地学习。

——秋叶大叔　秋叶品牌创始人

凌笑妮老师是中科院的教育专家，是帮助过众多海淀妈妈的海淀妈妈。在这本新书中，她分享了激发孩子的学习动力和学习韧性的方法，告诉家长可以通过培养孩子的自律性，让孩子为自己的学习负责，让学习动力成为持续孩子一生的竞争力。

——李海峰　DISC＋社群联合创始人

推荐序

在和球球妈妈交流本书的过程中，我了解到本书解决的是先让孩子在当下热爱学习的问题，然后才从长远规划，让孩子学习有后劲。

作为从事教育教学三十余年的教师，我认为研究这个主题是非常有意义和价值的。因为爱学习、会学习一直是家长和学校培养学生的重要目标。古代有一个成语叫"磨刀不误砍柴工"。学习有后劲的学生都少不了磨砺的过程，在这个过程中，学生不仅具有端正的学习态度、良好的学习习惯、正确的学习方法，还要具有持之以恒的学习动力。

在认真读完球球妈妈的《自律的孩子成学霸：如何激发孩子的学习动力和学习韧性》后，我认为这是一本非常值得家长们阅读的书。其中列出了很多家长们熟悉的场景，将孩子们在日常学习中出现的问题一一呈现。另外，针对这些问题，球球妈妈还给家长提供了很多简单有效的策略和方法，这些方法背后是强有力的专业背景和理论知识的支撑。但是，她在描述的时候，并没有使用很多专业术语，而是用平实、亲切的语言娓娓道来，方便家长阅读和理解。家长们可以借鉴或使用这些策略和方法与孩子沟通交流。当然，孩子们身上有共性的问题，也有个性的问题，这就需要家长们根据书中所提供的教育背后的逻辑，合理运用书中的方法解决问题。

这本书是球球妈妈送给球球的礼物。作为球球的班主任，我自然会和球球妈妈有所接触。每次和球球妈妈谈及孩子在学校的表现，球球妈妈说得最多的话就是："感谢任老师的反馈！您放心，我来处理。"我认为这句话是球球妈妈对教育孩子的自信和底气，我也确实看到了球球从入学以来在各方面发生的明显变化和进步。我相信，球球经过磨砺，会在学习的道路上越走越稳当，成为有后劲的孩子。

至于"学霸"这个词，其实我很少提及，因为我认为学习是终身的事情，人的成长也不是只看学习成绩的好坏，我更欣赏全面发展的学生。我觉得学生除了有良好的学习成绩外，还应该富有爱心、遵守礼仪、身心健康、学有所长……总之，努力培养德智体美劳全面发展的孩子是老师和家长义不容辞的使命。

吾生也有涯，而知也无涯。学习是一条没有终点的路，在这条路上，自觉、自主、自律无疑决定了学习的路能有多宽，能走多远。借此机会，祝愿每位家长都能跟孩子一起，在学习之路上并肩前行。

任全红

球球班主任

北京市"紫禁杯"优秀班主任

自序

学霸并非天生,而是用对的方法培养出来的

孩子上课坐不住,听讲不认真,怎么办?
孩子不催从来不会主动学习,对学习提不起兴趣,怎么办?
孩子学习没有韧性,时间长了或者题目难了就放弃,怎么办?
孩子上了初中后,成绩直线下滑,怎么办?
……

作为一名青少年成长指导师,以上几乎是家长们向我咨询最多的问题。

这是一个资源丰富、重视孩子教育的时代,也是一个让家长和孩子都充满压力,容易焦虑的时代。

学霸是用对的方法培养出来的

我毕业于中科院研究所,也曾在中科院从事教育工作。在过去的五年内,借工作之便,我访谈过上百位中科院的硕士生和博士生,以及清华、北大等各界优秀学子。借鉴他们优秀的学习经历,我分析了各位学有所成者成功的关键因素,并反推印证儿童教育方法。

我发现一个规律：一个孩子最重要的学习能力是在童年习得的。优秀的学生一路顺利读到博士，他们身上有着很多共同的特征，比如上课认真听讲、课后自主学习、自律、坚韧等，这也是本书的主旨，让孩子当下学习有热情、自觉，长远学习有韧性、有后劲。

我自己的成长也正验证了这一点。看到我的经历，很多人都会认为我从小学习就应该很好，是妥妥的学霸，其实并非如此。

小学的时候，我的学习成绩很差，甚至一度考了全班倒数第二，我爸都高兴得不得了，因为我终于不是倒数第一了。

后期之所以能够逆袭，得益于父母和我小学时的班主任，他们给幼年的我植入了"只要学，就能行"的自信。

我和姐姐是双胞胎。小时候，父母忙于生计，根本无暇顾及我们，再加上他们文化水平都不高，对我们姐妹俩的学习有心无力。但是爸爸从来没有缺少对我的欣赏和鼓励，眼里心里藏不住对女儿的满心欢喜。印象里，无论我做什么，我爸总是笑眯眯、不声不响地看着我，这个举动让我有一种错觉：我想做的事情都能做成，我是"无所不能"的孩子——即便在考试倒数的日子里。

那时候，我的学习成绩不好，但体育成绩非常好，几乎每次在乡里、市里的长跑比赛中都能拿第一，恰巧班主任李老师又是除了音乐之外的全科老师。从某个方面来说，我是他的骄傲。每次，李老师陪我参加比赛时都会跟我说一句话："你的韧劲不错，长跑拼的就是韧劲。"还有一次，我跟我妈去菜园子时碰巧遇见了李老师，他跟我妈说："这个孩子，她只要学，就能学好。"我站在旁边，静静地听着，力量在心中慢慢生根发芽。多年以后，我发现，学习乃至人生，拼的何尝不是韧劲呢！

到了初中，凭着这种自信以及韧性，我慢慢开了窍，一路逆袭，始终保持班级前三名。就这样，我从烟台一个偏僻的小山村进入中科院，扎根北京，成为同学们眼中的"学霸"。

一个孩子的学习自信、学习动力和学习韧劲比黄金还珍贵，决定了他在学习这条路上能走多远！

今天，很多孩子刚开始时学习成绩不错，后来由于缺乏学习自信和后劲，成绩一落千丈，十分可惜。

学习是一场马拉松，不是百米赛跑，能否笑到最后，拼的全是韧劲！

人人都可以成为自己孩子的教育专家

在讲座中，当我说"孩子出现问题时，要么开口说方法，要么闭嘴"的时候，家长们对此深以为然。他们表示，这句话给他们带来了很大的力量。

唠叨是无用的，也是无益的。万事皆有法。对孩子的教育也一样，不能靠本能教育孩子，更不能用蛮力，只有用对方法，大人才能轻松，孩子才能身心健康成长。

本书针对孩子学习的 7 个关键主题（上课听讲、课后作业、情绪管理、学习效率、思维能力、学习自律、学习韧性），基于儿童教育心理学及脑科学，给出了大量具体有效的科学培养方法。

孩子们既存在共性问题，也存在个体的差异性，所以，如果我们能够明白方法背后隐藏的教育的底层逻辑，便可以根据孩子的实际情况灵活运用。

"知其然，知其所以然"，我们便都能成为自己孩子的教育专家!

养育孩子的过程中,最可惜的是,用几乎全人类都会遇到的问题来质疑自己,你以为"别人家的孩子那么省心",然而现实却是"家家有本难念的经"。不同的是,家长越早了解并实践更多科学的教育方法,越容易激发孩子的学习动力和韧劲,让孩子不但可以积极主动学习,更能持之以恒。

在我超百次的课程培训及教育咨询中,我发现了一个有意思的现象:即使家长明白了方法,却依然经常因为缺乏践行的动力而执行不下去。

鉴于此,这本书给出了大量的案例和实战场景。书中的案例可分为两个维度:从空间维度看,涉及孩子在当下的学习中遇到的方方面面的挑战,比如写作业磨蹭、学习不主动、遇到困难就退缩等;从时间维度来说,贯穿孩子小学、中学的学习到硕士、博士的学习。

记者问诺贝尔物理学奖得主彼得·卡皮查:"在您的一生中,您认为最重要的东西是在哪所大学、哪所实验室里学到的?"这位白发苍苍的老人平静地回答:"不是在大学,也不是在实验室,而是在幼儿园。"而一个孩子最重要的学习力,即会学习的能力,是在小学和中学阶段学到的。

这本书如何使用?

这本书一共分为七章,每章都有一个学习命题。读者朋友们既可以从头到尾阅读全书,系统地了解学习的底层逻辑,也可以把它当作一本家庭教育手册来使用,根据孩子日常学习遇到的问题,在书中直接查看目录，按图索骥，找到对应的章节和相关答案，将其应用在培养孩子学习的过程中。同时，世间很多道理都是相通的，即便通篇读完也一定会有收获。

所以，家长可以将本书作为一本枕边常备的工具书使用。

最后，谈谈我对"学霸"这个词的粗浅理解。

从上小学一年级开始就门门功课优秀，次次考试得高分，一路高光，这是"学霸"，但是这本书书名中的"学霸"却有另一层含义。它注重的是遵从孩子的身心发展规律——无论开窍早也好，开窍晚也罢，让孩子保持学习热情，自己跟自己比，一天比一天进步，一次比一次突破，把握当下，"做到自己能做到的最好"，这也是学霸。从长远来说，孩子只有保持学习后劲，随时都有逆袭的自信，才能在学习的路上走得更稳、更远！

祝愿每一位父母都能做好自己，养好孩子，不负此生之责！

祝愿每一个孩子都能成为学霸，开出属于自己的绚烂的生命之花！

欢迎读者朋友们关注微信公众号"凌笑妮"，回复"自律"，即可领取《自律学霸养成宝典——30个清华北大学霸真实学习案例》——孩子自律学习必备。

目 录
CONTENTS

01 第一章
让孩子专心听讲并不难，迈出成为学霸的第一步

警惕：上课分心是孩子发出的求救信号！ / 003
测一测：你的孩子课堂专注力的真实情况 / 009
提升孩子课堂专注力的 6 种方法，简单又好用 / 014
提高听课效果，从根据孩子对学习模式的偏好选择听课方法开始 / 022
要想孩子学习好，父母的示范少不了 / 030
科学饮食及运动，也会大大提升孩子的专注力 / 034

39 第二章
方法用得对，不催不吼孩子就能自己写好作业

轻松让孩子主动写作业：把让人上瘾的游戏要素用在作业中 / 041
一招根治作业拖拉磨蹭：即便没写完也让他停下来 / 048
测一测：你的孩子对时间的管理和制订计划的能力如何？ / 052
培养孩子的时间管理技能，破解做什么都不想做作业的难题 / 056

培养孩子制订计划的技能：不盯不陪，让孩子独立高效完成作业 / 060
可能 80% 的家长不知道的秘密：端正坐姿可以使学习效率翻倍 / 065

71 第三章
管理好情绪，别让负面情绪毁了孩子的学习

大脑的结构决定：不会调节情绪的孩子，学习效率低 / 073
儿童情绪管理训练的 5 个关键步骤，让孩子爱上学习 / 077
10 个策略让情绪表达更高效：解决孩子学习情绪化难题 / 085
脾气越大，教育孩子的效果越差——5 个技巧让家长"熄火" / 091
让孩子主动学习的高效亲子沟通法，简单又管用 / 099
如何让孩子克服紧张情绪，应对考试？/ 107

113 第四章
提升学习效率，摆脱光苦学分不涨的困局

日夜苦学，孩子的成绩却提不上去的根本原因 / 115
帮孩子建立"只要学就能行"的信念，跳出苦学无效陷阱 / 120
选错练习题目，再怎么刷题都无法提高成绩 / 128
一个惊人秘籍，让普通家庭养出遥遥领先的学霸 / 131
孩子成为学习效率高的优等生，只是因为家长用对了方法 / 138
快要考试了，如何让孩子高效复习获得好成绩？/ 144

151 第五章
提高孩子的思维能力，打开孩子高效学习的"任督二脉"

每一个学习优异的孩子背后，都有强大的思维能力 / 153
世界知名学校都在用的，提升孩子思维的工具（一）/ 161

世界知名学校都在用的，提升孩子思维的工具（二）/ 171
美国知名学校都在用的，提升孩子思维的工具（三）/ 184
给学习装上"第二大脑"，让孩子快速逆袭成学霸的秘诀 / 197

203 第六章
让孩子对自己的学习负责，靠督促的孩子出不了好成绩

3 种方法，让孩子抵住诱惑，真正认识到学习是自己的事情 / 205
点燃孩子的"小马达"，激发孩子的学习动力 / 209
提升自制力，让孩子学习时变得一心一意 / 215
用对奖励和鼓励，让孩子的学习保持长久干劲儿 / 219
智慧放手，让孩子为自己的学习独立负责 / 225

231 第七章
让孩子对待学习，像奥运冠军一样坚韧且有耐性

学霸凭什么优秀：天赋还是努力？/ 233
科学制定学习目标：打破"三分钟热度"的魔咒 / 238
正确对待挫折：让孩子的学习态度变得努力又坚毅 / 244
培养孩子对学习严格要求：杜绝年级升高，成绩下降 / 249
考试失利，家长如何有效帮助孩子摆脱困局？/ 255

第一章

让孩子专心听讲并不难,
迈出成为学霸的第一步

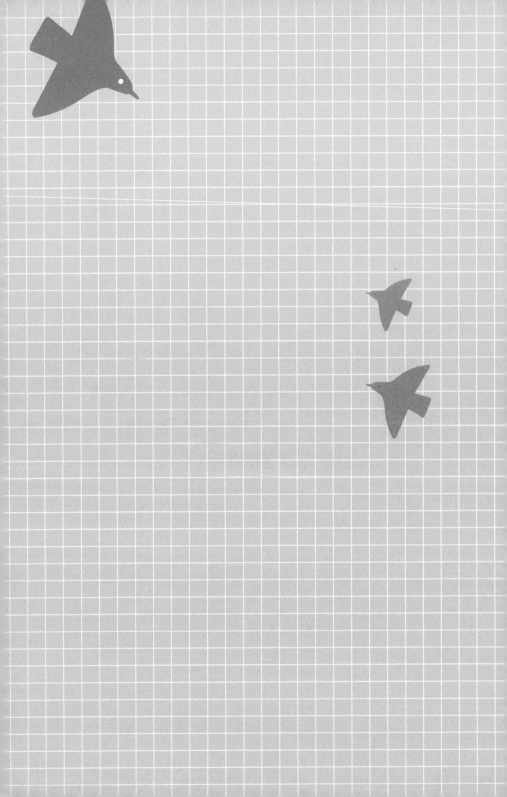

警惕：上课分心是孩子发出的求救信号！

"老师讲课的时候要抬头看黑板，上课一定要专心，不要东张西望……"这样的叮嘱熟不熟悉？你有没有对自己的孩子说过？

孩子懂事，上课认真，学习优秀——这恐怕是普天之下父母的共同心愿吧！也正因为有如此强烈的"望子成龙，望女成凤"的期盼，一旦听到老师反映孩子上课开小差，父母们就很容易失望和焦虑；甚至有的父母在接孩子放学回家的路上，就已经控制不住情绪，开始批评数落起孩子来了。

殊不知，靠唠叨、吼骂是无法让孩子认真听课和学习的，还会让他讨厌上课，进而厌恶学校。

强制孩子自觉认真学习的做法带来的另一个负面作用是使孩子产生一种错误认知：我乖乖坐着学习，就是为了让父母和老师高兴。在咨询时，我从接触到的孩子们身上看到了这一点。要知道，为了让别人高兴才决定专心学习的孩子，先不说能不能做到，就算做到了，成绩和能力也是无法持续提升的。我们其实希望的是孩子能够成为当下学习优秀、将来也优秀的人，不是吗？

为了不把孩子逼到厌学的地步，也为了实现我们的愿望，家长们需要先来认清一个基本事实：上课分心是孩子发出的求救信号！这根本就不是孩子的错！只有客观看待这个事实，我们才能心平气和地分析问题，然后采取有效的措施帮助孩子在上课时认真听讲，提高学习成绩。

⭐ 孩子天生想把事情做好

为什么说上课分心不是孩子的错呢?

因为把事情做好是人生来就有的本能需求。 美国著名社会心理学家马斯洛把人的本能需求由低到高依次分为五个层次,分别是生理需求、安全需求、爱和归属需求、尊重需求、自我实现需求,如图 1-1 所示。

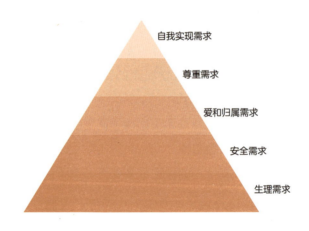

图 1-1 马斯洛需求层次理论

在马斯洛需求层次理论中,生理需求和安全需求属于人的生存状态,而其余三个需求则属于人的发展状态。在满足了基本的生理需求和安全需求、保障了个体生存之后,人们便开始本能地追求更高级的需求,进入发展状态。"人往高处走,水往低处流",不仅是自然规律,更是生命规律。

想想人类是怎么发展到今天的。很久以前,人类开始直立行走,从而解放了双手,又学会了生火做饭,捕猎技术越来越娴熟,身体也越来越强壮。后来,物质越发丰富,不用再忍饥挨饿,吃饱穿暖后的人们变得更愿意关心别人、帮助别人,在团队中也会努力工作,这样就可以得到别人的接纳和认可,追求实现自我价值。可见,人类从来没有停止"向上生长",一直在努力成为更好的自己。成人如此,孩子亦如此。

孩子天生想把事情做好。现在,绝大多数孩子已经不再缺吃少穿,但对爱和尊重的需求跟以前的孩子并无两样。已经上学的孩子心里十分明白,只有尽量把事情做好(包括听课),才会获得更多的爱和尊重。

> 同事出了月子,我去看望她。当我走到婴儿床边时,恰巧小婴儿西米醒来了。她像熊猫幼仔一样伸了伸小胳膊、小腿,打了个哈欠。她睁开眼突然看到我这个陌生人,先是愣了一秒钟,随后咧开小嘴朝我笑。小婴儿的微笑一下子把我的内心暖化了,我向她回以微笑,真心感谢这份来自生命的感动。
>
> 刚出生三十多天的小婴儿都知道通过微笑获得成人的认可和接纳。仅仅十几个月大的婴儿就已经试图扶着周围的物品起身站立,以便获得更多的生存优势。为此,他们反复摔倒,而又重来,锲而不舍。等到能够熟练站起后,他们再用同样的劲头让自己迈出人生的第一步。

婴儿尚且如此,何况已经上了小学的孩子呢。个体心理学认为,所有人的首要目标是寻求归属感和自我价值感。对于孩子,被环境所接纳的归属感和被别人所认可的自我价值感是决定他们在学校表现——不论是课堂学习,还是同学关系——的首要因素。

我相信,每个孩子在上学之初都想好好听课,他们既专心又认真。他们知道只要上课认真听讲,获得好成绩,就能得到周围人的认可。如果不好好听课,考试成绩差,对他们来说,是既不舒服也不容易得到尊重的事情。

实际上,每个人的一生都在力图通过把事情做好,获得别人的认可和尊重,最终实现自我价值。你可能也有过类似的体验:在团队中废寝忘食地工作,努力让项目取得进展,领导的一句"干得不错",同事们投来的赞赏目光,足以消除连日来的疲惫。另外,热心帮助别人,如向因孩子择校问题而焦头烂额的李姐提供相关信息,帮邻座的男同事小王顺路取回快递后的一句"谢谢",都会让你感到自己是有价值的,内心就会变得轻松、愉悦。

农民渴望丰收,孩子渴望好成绩!没有一个孩子从上学第一天起就下定决心不专心听讲,也不想获得好成绩。那为什么上学后,孩子就渐渐变得上课神游云霄,小动作不断呢?

⭐ 上课分心不是孩子的错

出现这种情况,无非有两种原因:

一是能力不够,"根本做不到"。

比如,专注力差、状态不好、精力不佳等情况都会导致孩子的注意力难以集中。

二是方法不对,"不知道怎么做"。

比如,老师要求孩子在课堂上好好听讲,这是通过"听取信息"来学习,但恰巧"听"不是他擅长的学习模式。不考虑能力和方法,只要求孩子专心听讲,犹如要求孩子半空建楼!

小树是个二年级的男孩。他的老师曾多次向他妈妈反映他在课堂上总会忍不住离开座位,做小动作,跟周围同学说话。其实小树清楚地知道自己的行为与课堂要求相悖,但他就是无法长时间集中注意力,更无法按照课堂要求乖乖坐好。但是在心理上,小树又渴望老师的关注和同学的接纳,自己也不知道怎么办。

小树只好通过自己做得到的其他事情,比如用开小差,甚至用恶作剧等方式来证明自己的存在。仅仅7岁的小树只知道需要专心听讲,但根本无法清晰地意识到自己由于缺乏技能和方法,根本做不到专心听讲。

孩子没有能力做到的事情,需要大人帮助。可惜的是,很多成年人也并没有觉察到这一点,因此耽误了孩子的发展。

小树的表现恰巧印证了个体心理学之父阿尔弗雷德·阿德勒的那句名言:**"一个行为不当的孩子,恰是需要帮助的孩子!"**

不管出于什么原因,小树在课堂上表现出的一系列不恰当行为,恰是他向成年人发出的求助信号:我想要专心听讲,可是总也做不好。这个时候,他已经退回到求生存的状态,无法集中精力专心学习来发展技能。

如果父母和老师一直看不到小树内心的无助,他就会像掉入冰窟一样慌乱地挣扎,无助地下沉,直至彻底厌恶学习,想来是不是很心痛?更严重的是,小树的父母之前因为没有意识到"上课分心是孩子发出的求助信号"，而只是单纯地认为小树不懂事，不爱学习，便不停地唠叨，甚至打骂他。孩子明明在"水中"呼喊救命，家长却还要在他头上按一下，这是多么残忍啊！

虽然现实中并不会发生对溺水的孩子视而不见的情况，但是如果没有意识到"上课分心的孩子是需要帮助的孩子"，人们就会对在学习中挣扎的孩子视而不见。

专注力差，是孩子上课分心的元凶

导致孩子上课分心的原因有状态不佳，精力不济，对课堂要求的学习模式不擅长，专注力差等。其中，专注力差已成为导致孩子上课分心的主要原因。

据一项对全国小学生的专注力情况调查研究显示，全国小学生课堂专注度的平均值为60%，处于较低水平；专注度优秀的比例不足1%。同时，100%的家长认为，自己孩子的专注力需要提升；97%的老师认为，学生在课堂上的专注力普遍不足，80%的学生上课不专心是因为专注力欠缺。

可见，专注力不足已成为孩子上课分心的元凶。所以，接下来我们先了解一下孩子专注力的真实情况，再分析该如何"对症下药"，这样才能有的放矢地帮助孩子提升专注力。

测一测:你的孩子课堂专注力的真实情况

经常有家长问我:"老师反映我家孩子上课时注意力不集中,我要不要给他做舒尔特方格?"(舒尔特方格是一种专注力训练方法,具体做法在下一节详述。)甚至不少老师因为孩子不能专心听讲而建议父母在家给他们做舒尔特方格。

"注意力不集中就做舒尔特方格",你是不是也和很多人一样,认为只要坚持做舒尔特方格就能解决孩子的专注力问题呢?

如果真是这样的话,那我不得不遗憾地说,对此你有一个大误解。如果想改变孩子上课分心的现状,请从现在开始,抛弃这个长久阻碍着孩子专注力提升的误解。只有修正这个认知偏差,帮孩子找到正确的训练方法,才能真正提高孩子的专注力。

实际上,导致孩子课堂注意力不集中的原因主要有两种:

- 视知觉能力弱
- 听知觉能力弱

舒尔特方格是提升视知觉能力的有效方法,但对听知觉能力提升不起作用。因此,对于孩子专注力的培养来说,它并不是万能的。

但是由于长久以来的误解,很多家长已经对"专注力"和"舒尔特方格"产生了这样的思维定式:舒尔特方格 = 提升专注力。

就像开车一样,在错误的方向上开得越久,浪费的时间和精力就会越多,甚至还会误入歧途。对于孩子专注力的训练,如果不分析成因,找不准方向,做再多努力都可能是徒劳的。

解决问题的根本办法就是先分清楚孩子专注力差是哪种原因导致的,再对症下药。

"视知觉"和"听知觉"是专注力的基础

《小学生入学准备与适应指导研究》中指出:"儿童入学应该具备的八项能力:视知觉能力、听知觉能力、运动协调能力、知觉转换能力、数学能力、语言沟通能力、社会适应能力以及学习品质。"其中,视知觉能力和听知觉能力被排在前两位,因为它们是孩子进入小学后课堂专注力的两个主要来源,关系着孩子学业成绩的提高和学习兴趣的发展等。

(1)"视知觉能力",通俗来讲就是把看到的信息装进脑袋里,然后变成行动的能力。

对于小学生来说,视知觉能力将极大地影响他们的课堂学习。例如,语文老师在黑板上写下"清水",你的孩子能不能看在眼里,能不能与两周前学过的"晴天""青草"等加以区分并将它们联系起来,再分别装入大脑中贴有"清""晴""青"的记忆抽屉里,以及分装的速度是快还是慢,这些都与视知觉能力的强弱有关。

对于视知觉能力强的孩子,老师讲一遍就记住了。

对于能力稍弱的孩子,父母要建立这样一个认知:"原来我的孩子并不是不想好好听讲啊,他只是需要提升通过眼睛获得信息和处理信息的能力而已。"只有这样,父母才能少一些焦虑,多一些耐心,从而理解和鼓励孩子。

如果父母认识不到这一点,纵使天天磨破嘴皮,跟孩子念叨"上课要认真听讲""考个好成绩""你怎么就这么不听话呢"等,孩子也做不到呀。不但做不到,他的心里还会产生强烈的无助感。"我也想上课认真听讲,做个好学生,可我就是做不好……"长期处在这种心态中的孩子,你觉得他会对学习有兴趣吗?

(2)将听到的声音转化成有意义的符号并存储在大脑中形成记忆的能力,叫作"听知觉能力"。

没有绝对安静的学习环境。在课堂上,老师讲解习题的声音里可能夹杂着窗外的鸟鸣声、操场上的哨子声,以及同学们翻动书本的"哗哗"声。从中择选出老师的讲课声音,把老师讲的内容装进脑袋里,靠的就是听知觉能力。

听知觉能力强的孩子,课堂的吸引力远远大于鸟、哨子和同学,他们会摒除嘈杂的鸟声、哨子声和其他声音,只专注于老师的讲课声。这样的孩子听课效率就很高,一听就会,而且不会漏掉知识点。反之,听知觉能力差的孩子,精力早就集中到无关紧要的声音上去了,可能是一块橡皮,也可能是窗外的一棵树等,反正就是跟学习无关的。一节课下来,听课效果可想而知,简直就是"费劲才舀了一瓢水,漏掉的是身后一整片海洋"。

由此可见,视知觉能力和听知觉能力就像课堂专注力的左膀右臂。如果孩子缺了这两种能力,那么跟他们强调多少遍"注意听讲"都是没有用的。因为他们的专注力有限,做不到。

 测一测:孩子的注意力集中情况

无论是视知觉还是听知觉,如果能力欠缺,只要家长稍微留心观察就不难发现,孩子在学习和生活中都会存在明显的行为特征。接下来,请测验一下孩子的注意力集中情况。

视知觉能力弱的典型行为表现：

① 辨别拼音"b—p""d—q""t—f"等存在困难，比如分不清、写颠倒。

② 辨别汉字中的形近字"人—入—八""手—毛""田—由—甲"等有困难，比如分不清或写颠倒（高年级的孩子则分不清更复杂的字）。

③ 分不清"田"字格的左右、上下方位。

④ 经常会将数字6和9以及2和5等认反。

⑤ 数学竖式对齐时经常出错，但视力绝对没有问题。

⑥ 写数字时左右颠倒、混淆，如9+9=81（心里想写18，也确实是先写1，后写8，但书写位置颠倒了）。

⑦ 上课看黑板的时间很短，注意力涣散。

⑧ 以扫视的方法看图形，观察不细致，看时间长了会不耐烦。

⑨ 认真看完七巧板指示样板图后，无法准确将图形再现。

⑩ 观察图形不仔细，不能按照正确答案找出对应的数量。比如，图1-2所示中隐藏着4只蝴蝶，你能把它们都找出来吗？

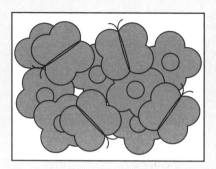

图 1-2　隐藏的蝴蝶

对处于小学阶段（6～12岁）的小学生来说，存在以上 10 种典型表现中的 0～1 种，说明视知觉能力很好；存在 2～4 种，则说明视知觉能力一般；如果存在 4 种以上，则说明视知觉能力需要提高。

听知觉能力弱的典型行为表现：

① 充耳不闻，家长说的话通常"左耳进，右耳出"。

② 平时和别人讲话时很少有目光交流，严重的甚至眼神飘忽不定，不敢与别人对视。

③ 听别人讲解时显出不耐烦的样子或者东张西望，常常不等别人说完话就打断。

④ 上课时听不了几句就开始走神儿，做小动作，常因外界的细微干扰而分心（比如窗外的鸟叫声）。

⑤ 听力正常，但老师布置家庭作业时，常常听漏听错。

⑥ 回答问题时，常常答非所问，甚至连老师提出的是什么问题也搞不清楚。

⑦ 写作业时，听到咳嗽、走路的声音便会分神。

⑧ 唱歌总跑调，对高低音不敏感。

⑨ 语言组织能力差，描述事情时内容重复，缺少逻辑，经常语无伦次。

⑩ 写出的作文简单枯燥，结构不完整，语句顺序混乱。

与视知觉测验一样，对处于小学阶段的孩子来说，存在以上10种典型表现中的0～1种，说明听知觉能力很好；存在2～4种，则说明听知觉能力一般；如果存在4种以上，则说明听知觉能力需要提高。

提升孩子课堂专注力的6种方法，简单又好用

经过上面的测验，相信你对孩子的专注力情况已经有了清晰的认识。接下来，我将依次介绍帮孩子提升视知觉能力和听知觉能力的6种简单易行的方法。

 对症下药，有效提高孩子的课堂专注力

视知觉能力训练的常用方法有舒尔特方格、走迷宫法。听知觉

能力训练的常用方法有练习绕口令、我来说你来做、造句与语句扩充、听故事并复述。

洋洋是在我的亲子课堂学习的一个男孩。课余时间,他妈妈跟我聊天时表示,老师多次反映孩子上课时注意力不集中,有时候老师在讲课,洋洋自己不听,还不停跟周围的孩子说话。"我千叮咛万嘱咐,让他上课仔细听讲,可他就是不听。"妈妈叹了口气,摇摇头说道。

根据妈妈对洋洋平时表现的描述,以及我的观察(他经常把数字写颠倒,眼神飘忽等),可以判断洋洋的视知觉能力比其他孩子弱一些。这导致洋洋上课并不喜欢长时间盯着黑板看。

下面介绍视知觉能力训练的两种方法。

方法1:舒尔特方格。

舒尔特方格是一种通过按照从小到大的顺序让孩子依次指读表格中被打乱顺序的数字来达到提高视知觉能力的有效方法。在做舒尔特方格的时候,孩子需要先在短时间内通过视觉摄取信息,再将它们与头脑中已有的信息进行对照、加工、判断,最后用语言表达出来。图1-3所示为25以内的舒尔特方格。

具体用法:先让孩子端坐在椅子上,使眼睛与方格保持30~35厘米的距离,视线集中在表格中心,用余光扫视其他数字,在按顺序指出数字的同时大声读出来,直到读出所有数字。

使用舒尔特方格时,除了图1-3中25个数字的方格外,我们还可以根据孩子的水平自制9个数字、16个数字、20个数字或者更复杂的表格让孩子来训练。

17	24	1	10	7
5	13	15	4	18
25	23	2	9	12
20	6	14	22	19
16	11	3	8	21

图 1-3　25 以内的舒尔特方格

随着孩子专注力的提升，可以增加数字难度，如图 1-4 所示。

29	230	178	89	91
6	73	380	49	120
706	136	278	45	99
298	301	101	201	506
58	18	309	180	521

图 1-4　1000 以内的舒尔特方格

而且，还可以将格子中的数字用古诗词中的汉字代替，这样大大提升孩子专注力的同时，还能复习到语文知识，如图 1-5 所示。

图 1-5 古诗词舒尔特方格

在训练的过程中要注意,用手指读数字的时候,眼睛不要随手指移动,尽量少眨眼或转动眼球。

训练技巧: 家长可以用手机或秒表帮孩子计时并记录每次的成绩,以便进行对比,及时肯定孩子取得的进步,让他们拥有成就感。另外,家长还可以跟孩子比赛,看谁指出数字的速度更快,从而增加训练的乐趣。

方法 2:走迷宫法。

走迷宫法是通过锻炼孩子对空间方位的感知力来提升视知觉能力的一种方法。

市面上有很多各种类型的走迷宫练习册,家长可以根据孩子当前的水平选择相应难度的开始练习。最简单的判断办法如下:练习册封面上通常会有年龄建议,可以按照建议年龄让孩子练习。如果孩子做起来很容易,就试着增加难度。但是不宜跨度太大,以免打击孩子的积极性。当然,网上也有不少免费的迷宫练习,家长可以直接下载打印给孩子用,这样可以节省成本。

训练技巧：刚开始，可以根据孩子的年龄，选择稍微简单一些的迷宫；否则，容易打击孩子的积极性，使他们对练习失去兴趣。训练初始，可以让孩子用手指着辅助定位，逐步提高为只用眼睛看。

只要坚持使用以上两种方法的训练，孩子上课时看黑板的时间就会越来越长，阅读效率也会越来越高，看图写话也会变得越来越轻松简单。

洋洋妈妈听了我的建议，回家后便立刻从网上找到迷宫练习并绘制了舒尔特方格，让孩子坚持每天练习3分钟。一个学期过去了，洋洋上二年级了，妈妈十分高兴地告诉我："现在老师经常表扬洋洋，孩子在课堂听讲方面的进步太大了。"

舒尔特方格和走迷宫法对于锻炼视知觉能力十分有效，但对于听知觉的提升就没什么作用了。而听知觉比视知觉更重要，因为小学生上课主要是听的过程，小学课堂50%以上的时间是老师讲解，学生听课。因此，能不能专心听、能听到多少、能听懂多少决定了学生们学习成绩的好坏。

下面介绍训练听知觉能力的四种方法。

方法1：练习绕口令。

练习绕口令可以强化大脑语言运动中枢、语言运动器官、听觉反馈之间的配合。

简单来说，就是让孩子"听得进，讲得出"，不但耳朵好使，嘴皮子也顺溜。

训练技巧：孩子刚练习绕口令时，速度要慢，以确保发音准确为首要目的。在练习熟练掌握发音的过程中，应先让孩子进行分词发音练习，再把多个词连起来练习，然后过渡到句子，最后进行整体练习，并逐步提高语速。

以两段适合小学生练习的绕口令为例：

四和十

四是四，十是十；十四是十四，四十是四十；别把四十说喜席，别把十四说席喜。要想说好四和十，全靠舌头和牙齿。要想说对四，舌头碰牙齿；要想说对十，舌头别伸直。认真学，常练习，十四、四十、四十四。

八百标兵奔北坡

八百标兵奔北坡，炮兵并排北边跑。炮兵怕把标兵碰，标兵怕碰炮兵炮。八了百了标了兵了奔了北了坡，炮了兵了并了排了北了边了跑。炮了兵了怕了把了标了兵了碰，标了兵了怕了碰了炮了兵了炮。

方法 2：我来说，你来做。

"我来说，你来做"是通过让孩子将家长发出的指令转化为动作的方式，来训练孩子听取并理解信息的能力和选择重点信息的能力，从而提升孩子听知觉能力的一种方法。

具体做法： 家长发出一系列指令，请孩子照着做。比如，请孩子把右手举起来、学小猫叫等。

训练技巧： 家长可以通过改变指令方式或者增加指令难度来增加训练趣味性。改变指令方式时，除了让孩子按指令做之外，还可以让孩子按指令画画。例如，春天来了，柳树长出了绿芽。放学后,你背着书包高高兴兴地走出了校门。让孩子听到信息时,用图画把它们表现出来。家长还可以通过说否定句的方式来增加指令的难度,如请你别把右手举起来,请你不要站起来;也可以正说反做,家长说请你站起来,孩子就不要站起来等。

以上两种方法简单又有趣,不需要使用道具。在等公交车时,上下学走在路上时,休息时……家长都可以跟孩子互动,这样既锻炼了孩子的能力,也促进了亲子关系。

另外,很多小学高年级学生的家长会发现这样一种情况,有的孩子从上小学开始,就能够正常发挥生字听写水平,随着字词积累,阅读能力也稳步提升,到了高年级,写出优秀作文并不是什么难事。而对于有些孩子,高年级时写作文非常困难,不是句子成分不全、句子不通顺,就是结构混乱、用词单调,着实令家长和老师头疼。仔细观察,这种孩子的阅读能力也一般。这是由于孩子的听知觉能力弱却没有引起家长的足够重视导致的。

针对这种情况,我再给家长推荐另外两种能够有效锻炼孩子听知觉能力的方法。

方法 3:造句与语句扩充。

造句与语句扩充是通过锻炼孩子听取与运用线性语言符号的能力来提升孩子听知觉能力的一种方法。也就是让孩子能够听取和说出越来越长、词语越来越丰富的句子。孩子脑袋里装的好句子多了,写作文时自然就用得上了。

具体做法: 家长先给出一个词语,让孩子造句,然后和孩子一起逐步扩充句子,并且和孩子一起回忆扩充过程。比如,家长给出词语"天安门",让孩子扩展:

——天安门。

——我去过北京天安门。

——我去过闻名世界的、宏伟的北京天安门广场。

——我和爸爸妈妈在两年前去过闻名世界的、宏伟的北京天安门广场。

训练技巧：家长不要随意评判孩子，应带着欣赏的眼光看待孩子造出的每个句子。在家长的鼓励下，孩子一定会把句子造得越来越好。

经过这样的训练，孩子的作文水平就会有很大的提升。

方法 4：听故事并复述。

听故事并复述是通过锻炼听知觉能力来提升孩子将所学知识有系统、有逻辑、有组织地保留下来，并将其存储在记忆中的一种方法。

具体做法：家长为孩子讲一个故事或让他仔细听，事先提醒他注意故事中事情发生的先后顺序，等听完故事，再让他将故事情节按照顺序简单复述出来。

训练技巧：先让孩子从情节简单的故事听起，根据孩子的实际水平逐步提高故事情节的复杂性。同时，家长可以用"什么时间？在哪里？故事里有谁？发生了什么呢？"和"首先发生了什么？接下来发生了什么？最后怎么样了？"之类的问题引导孩子。这样，在提升孩子专注力的同时，还能帮助他养成按逻辑顺序思考与表达的好习惯。

⭐ 小学阶段是专注力训练的关键期

也许你听说过这种说法：孩子的专注力会随着年龄的增长而提

高,长大后注意力就会集中了。其实这种说法是缺乏科学依据的。实际上,随着年龄的增长,孩子的专注力确实有所提高,但是对于专注能力缺失的孩子,不专注的行为并不会自动消失,而是新的不专注行为替代了原先的不专注。课堂学习可是不等人的,当专注力达不到课业学习所需要的基本水平时,孩子的学习成绩和未来发展就会受到严重影响。

科学研究表明,三岁半是孩子专注力形成和发展的重要时期,而小学阶段则是孩子专注力培养和提升的关键时期。如果能够抓住时机,让孩子在这一时期坚持训练,哪怕每天只用 5 分钟,一学期下来,孩子的专注力一定能明显提升。

也有些父母会担心:我的孩子都上小学高年级啦,现在才开始训练会不会太晚,不管用了呀?

根据发育规律,终其一生,人的大脑都在发育,何况对于身心都在快速成长的孩子们呢?所以我认为,只要开始训练,就会有效果。只要开始行动,就比不行动要好。你想想是不是这样?

只是,在训练的过程中,家长最好让孩子用玩游戏的心态训练,千万不要把它当成任务。因为任务使人抗拒,游戏则让人快乐。

提高听课效果,从根据孩子对学习模式的偏好选择听课方法开始

很多家长也许会察觉到,经过一段时间的锻炼,孩子的专注力

确实有了非常明显的提高，上课坐得住了，可是听课效果却十分有限。老师在课堂上讲的内容，回家后家长一问，孩子就跟没学过一样，迷迷瞪瞪地耷拉着脑袋，真是气不打一处来。也有些家长说："我家孩子上课倒是坐得住，看起来听课也很认真，就是根本不往心里装，叫他回答问题，三个要点能漏两个。"于是很多家长便会产生疑虑：上课仅仅专心听讲够不够呢？这个问题特别值得探究，因为要想保证听课效果，只是专心听讲确实是不够的，还得"会听"。

能否专心听讲是专注力的问题；听了之后能否学得会、记得住，则是听课方法的问题。本节将从"根据孩子对学习模式的偏好选择听课方法"开始，讲解如何让孩子听课更认真以及如何提高孩子的听课效果。

接下来，先了解 3 种学习模式，然后再根据孩子的偏好选择适合的听课方法。

⭐ 学习模式有 3 种，你的孩子偏好哪一种？

"学习模式"是指使学生达到最佳学习状态的方法。

美国神经语言科学建立了一个 VAK 理论：人类主要通过眼（视觉，Visual）、耳（听觉，Auditory）和双手（触觉，Kinesthetic）3 种渠道感知世界并接收信息。科学家们根据人获取信息的渠道偏好不同，将学习分成三种模式，即视觉学习型（V）、听觉学习型（A）和触觉学习型（K，也叫动觉学习型）。

只有了解这 3 种学习模式，根据模式选择适合孩子的听课方法，才能提高听课效果。就像木匠打造家具一样，只有让多种工具各司其职——用电锯裁木材、用刨子刨光、用凿打眼、用墨斗画线、用螺丝刀拧螺丝等——才能制作出精美的家具。如果遇到一个新手木匠，不考虑工具的适配性：用螺丝刀打眼、用电锯刨光……这样即便用再多的力气，流再多的汗水，也制作不出想要的家具。同样，看不到孩子对学习模式的偏好，只是告诉孩子上课认真听讲，很可能徒劳无功。

好木匠需要好工具，好学生一样也需要好方法的加持！VAK理论证明，当老师的授课方式更加适合孩子的学习模式时，孩子投入的课堂专注度会更高，学习效果也会更好。如果孩子能够对自己的学习模式有所了解，并据此选择适合自己的听课方法，学习效果也会更好。

当那些"学霸"用对了听课方法，在学习上犹如坐着火箭飞速向上的时候，我们也不要让自己的孩子驾着牛车慢慢走。"弓配箭，钉配锤"，选对学习模式的前提是，家长要先了解孩子是"弓"还是"钉"，明确了解他更适合哪种学习模式。

找到孩子适合或喜爱的学习模式

判断孩子对学习模式喜好的方法很简单。本章第二节已经对孩子的视知觉能力和听知觉能力进行了详细介绍。视知觉能力强的孩子，学习的时候更喜欢通过"看"获取信息，这类孩子属于视觉学习型；而听知觉能力强的孩子，更擅长通过"听"的方式来学习，这类孩子属于听觉学习型。

在生活中，只要稍微留心观察，家长就很容易发现孩子的偏好。比如我的大儿子球球,不管看到什么新鲜的东西总喜欢伸手摸摸,家里的小物件都成了他废寝忘食的拆装对象。因为他的"动手学习",我们家的挂钟已经换了六个了。但是,我平时跟他说话时发现,他的耳朵明显没有手脚那么灵敏。想让这类孩子保持长时间专心听讲,那实在太为难他们了。坐的时间长了,他们会浑身不自在。这样的孩子就属于典型的触觉学习型。

事实证明,球球也确实属于这类孩子。球球的班主任任老师是一位有着30多年教龄的优秀教师,每一学期,任老师都会耐心地向家长们反馈孩子的在校情况。任老师谈到球球比较多的问题就是,上课的时候,球球经常动来动去,一下课就往操场上跑等。对于触觉学习型的孩子,这样的课堂表现是可以预见的,所以对于老师的反馈,我并不会感到意外和焦虑。

我的二儿子六六虽然还没有上小学,但也已经能非常明显地看出他对学习模式的偏好。比如,他不像哥哥球球那么"手勤脚快",但是平时与大人交流时很"上心",比如我和他爸聊过的事情已经过去很久了,六六还会冷不丁地提起来。六六很喜欢说话,语言表达能力从小就比他哥哥强。这样的孩子就属于听觉学习型。

球球的好朋友沛沛则是一位视觉学习型的"小学霸"。沛沛在幼儿园中班的时候,就已经能够将很多古诗倒背如流;到了大班下学期,他就开始看图少字多的桥梁书,字也写得很漂亮。倒不是家长刻意教了多少,而是沛沛天生就喜欢认字,比如走在路上时,他会自己找广告牌上的字问家长怎么读,家长说一遍,他歪着小脑袋观察一会儿便记住了。在家里,沛沛也喜欢拿出绘本,用小手指着上面的汉字，缠着外公和外婆教他。就这样，还没上小学，沛沛已经认得将近一千个汉字了。可见，沛沛很喜欢通过观察来学习。这样的孩子明显属于视觉学习型。

了解孩子的学习模式偏好后，我们可以通过平常的一些表现让他们明白自己的优势与劣势，这样做的极大好处就是能够让孩子对自己的学习方式有正确的认知，有助于他深入了解自己一些"不当"的课堂表现产生的原因，比如上课做小动作，听错、听漏作业内容等。"心中有数"的孩子就会感到十分从容，不会自责和无措。这样，他们才会把更多的心思放在提升自己的听课效果上，从而停止无意义的精力内耗。

对于球球来说，听取信息不是他擅长的学习模式，他对于别人的话经常充耳不闻，有时候即便回应了，也是左耳进右耳出。还记得在他刚上一年级的时候，老师为了锻炼他们的任务管理能力，给每个孩子发了一个小本子，并叮嘱他们每天都要把各科的作业记在上面。有的孩子一下子就记住了；有的孩子记不住，会乖乖写在小本子上；而球球记不住，也不写在小本子上。那段时间，他经常不记得做作业。刚上学的孩子往往格外在乎老师布置的作业，看着他因为忘记做作业而着急的样子，我趁机对他说："看来，通过听来记作业，你不太擅长哦。还是记在小本子上比较保险。"当他拆装玩具时，或者跳上跳下时，我会跟他说："你还真是擅长通过动手动脚来学习哦。"时间久了，他就明白了自己擅长触觉学习，而听觉学习比较薄弱。

有一天在球球放学回家的路上，他仰着小脸说道："妈妈，自从知道我不擅长听觉学习后，在听讲的时候我就格外提醒自己要集中精力听老师讲课。但有时候实在忍不住还想动一动。"听他这么说，我立刻蹲下来，一边微笑看着他，一边对他竖起了大拇指，然后趁机告诉他："妈妈小时候跟你一样，也有坐不住的时候。实在坐不住了，在课堂纪律允许的范围内放松一下，比如活动活动手脚、伸一下懒腰等，调整好了再接着听讲就可以了。注意，不要影响别的小朋友。"这并非是在纵容孩子，这样做可以防止孩子产生内疚感。我至今仍然清晰地记得那天球球灿烂的小脸，我们手牵手回到家后，他比往常更早地写起作业来。

有了对自己的了解，加上老师们的耐心鼓励，球球的课堂专注力得到了很大幅度的提高，学习兴趣也提升了，自信心也增强了。

虽然如此，我知道还需要针对他的情况传授他一些听课方法和学习技巧，这样可以扬长避短。因为课堂上大部分内容是通过老师讲解来传授的，老师的课堂教学面对的是全班的孩子，不会因为一个孩子而改变教学模式。不得不说，传统学校教育环境对于听觉学习型的孩子更有利一些，小学课堂平均 50% ~ 80% 的时间是老师站在讲台上讲解。同样一堂课，同样地"听"课，听觉学习型孩子的信息获取率和知识掌握度能够达到其他两种类型孩子的 1 ~ 2 倍。一个学期下来，差距就拉开了。如果其他两种类型的孩子用对方法，也可以达到同样的学习效果。如果课后再基于对自己学习模式的了解采用恰当的复习方式，学习效率必然会超过学习方式不合适的孩子。

所以，要想让孩子提高听课效率，家长及老师们一定要根据孩子的学习模式偏好让他使用适合自己的学习方法。

根据孩子擅长的学习模式，选择事半功倍的听课方法

了解孩子的学习模式，一方面有助于我们理解孩子的课堂表现，不去责怪孩子，另一方面，有助于缓解家长的焦虑情绪。下面给大家介绍针对偏好 3 种学习模式的孩子使用的听课以及课后高效复习的方法和技巧。

1. 视觉学习型。

像沛沛这类偏视觉学习型的孩子，喜欢通过眼睛观察和看书来获取信息，喜欢借助图表、图像、色彩等学习。

沛沛在了解了自己的学习模式后，听课时格外注意做好笔记。他还发明了一套方法，边听边"画"笔记，在记笔记的过程中多使用符号或者图示，又快又形象地记录老师讲课的内容，比如用"="代替汉字"等于"，用"1"替代汉字"第一"等。他还会注意听取重点信息，先记下来，课后再整理，对于在课堂上来不及理解和记忆的信息，他会在课后及时复习。在学习的时候，沛沛还会注意动手写，用眼观察，动脑思考，使手、眼、脑多感官配合学习，以弥补听觉学习能力的缺失。

如果没有记笔记这个动作，沛沛的听课效率至少会下降 50%。另外，下面的几条学习小技巧可以送给像沛沛这样的偏视觉学习型的孩子。第一，在背诵和记忆的过程中，尽可能给孩子提供彩色的图片，帮助孩子发挥想象力，加深记忆内容；第二，尽可能借助配套视频，让孩子学习对应内容；第三，使用荧光笔等标记课本中或者笔记中的重点部分。

选择学习材料时，也有一个小技巧，就是优先给孩子购买带有

漫画、图标图像和配套学习视频的教辅材料。

2. 听觉学习型。

对六六这类偏听觉学习型的孩子来说，用耳朵听比用眼睛看更容易集中注意力。这种类型的孩子更擅长通过倾听和讨论来掌握学习要点。

他们上课时本身就擅长听讲，听讲时的信息吸收率也比其他两种类型的孩子高。对于偏听觉学习型的孩子，在学习的时候，让他用朗读课文代替默读，会起到事半功倍的记忆效果；让孩子把学到的内容讲给家人听，以此来提高对知识的熟悉度；平时多让孩子听音频学习资料；在课堂学习中，让孩子多参与小组讨论；还可以将他们的读书声或者背单词声录制下来。因此对于这类孩子来说，反复听是一种非常不错的学习方法。实际上，这也是很多"学霸"用过的学习方法。

3. 触觉学习型。

像球球这类偏触觉学习型的孩子，更擅长用实践来巩固课堂学习到的知识点，他们属于在课堂上格外坐不住的那种孩子。

对于这类孩子，让他们尽量不要在书桌上放置与学习无关的物品，以免分散注意力。告诉孩子，上课时可以小范围内活动活动手脚，伸一下懒腰，或者像沛沛那样多动手记笔记或者"画"笔记。

对于触觉学习型孩子，也有一些学习小技巧：第一，在复习或者朗读的时候，利用肢体动作来加强记忆效果；第二，课后给孩子多提供机会参加实践，鼓励他自己动手制作模型或者参与实验，从而可以验证所学知识；第三，复习的时候多动手，通过写或"画"的形式调动多感官配合学习。

三种学习模式是配合起来使用的,并非绝对只能采用哪一种。除了教给孩子合适的听课、学习方法来提高学习效率外,父母在孩子的学习过程中应多提供各种学习维度和学习场景,这也会大大提高他们对知识的理解率和吸收率。

要想孩子学习好,父母的示范少不了

"每天下班回家已经不早了,还得挤出时间陪孩子学习,把孩子哄睡后,一看表已经11点了,完全没有自己的学习时间。"相信很多家长都有类似的经历。但实际上,我认为不需要将学习和陪伴孩子算成两件事。

现在的父母压力很大,在努力工作的同时,还要一边想通过学习提升自己,一边内疚对孩子的陪伴时间太少。那么怎样解决这个难题呢?我建议父母在孩子面前学习。父母把学习的行动展现在孩子面前,是一种让孩子喜欢学习、上课专注的好方法。为什么这么说呢?因为家长以身作则是对孩子最好的教育形式。

 人都会主动模仿别人

人天生会在无意中模仿别人。看到别人悲叹时,我们会感受到对方的悲伤而跟着情绪失落;看到别人打哈欠时,我们也会不自觉地打起哈欠;看到别人看书时,我们也会顺手拿起一本书翻看起来；看到有人吃美食时，我们也会想吃……这些反应是大脑在接收到对方的表情、动作、言语等信息后进行无意识模仿的结果。神经脑科学将这种现象称为"镜像效应"。

20世纪90年代初，意大利神经学家在研究恒河猴的大脑时发现，有人当着猴子的面吃花生米时，猴子便学着他们的样子吃起花生米来。研究者发现，猴子看到科学家吃花生米时激活的大脑活动区域与人类吃花生米时用到的大脑区域是一样的。这说明，不论猴子见证了某个行为，还是参与了某个行为，激活的是同一组神经元。也就是说，仅仅是看到别人的行为，猴子的大脑就会由于被影响而变得活跃起来。

科学家们还发现，"镜像效应"尤其在家人、朋友、同学等亲密关系之间更容易发生。孩子天生爱父母，所以他们更容易模仿父母的行为。

 用自己对学习的热爱感染孩子

猴子会模仿别人吃花生米，孩子更会模仿父母学习。

有一天早上，球球起床后看到我在读书，也拿了一本书坐在旁边翻看起来。我们准备休息的时候，球球小声说道："妈妈，本来我觉得学习很累，可是看到你每天都看书，我就喜欢学习了。"听到他这样说的时候，窗外春寒料峭，我内心却暖意横流。为了不让他产生心理负担，我笑着看他："可不是每个人天生都爱学习哦，妈妈刚上学的时候也不爱学习，也是像你一样慢慢喜欢上学习的。"

家长在孩子面前学习或工作的时候,不要表现出厌烦的神情,要将对学习和工作的专注和热爱展现在孩子面前,这样才能为孩子树立一个正面的榜样。尤其是处于小学时期的孩子,他们还未进入叛逆期,父母在他们的生活圈子里依然占据着很重要的位置,一定要珍惜这段有限的宝贵时光,做好孩子的榜样。

另外,模仿还会内化为根深蒂固的习惯,产生当下的力量。回想你在跟孩子相处的日子里,曾经有没有那么一瞬间惊觉:刚才对孩子做过的事情、说过的话,不就是小时候爸爸妈妈对我做过的吗?终究,我们还是在不知不觉中映出了父母的影子。

早上送球球上学,在校门口分别的时候,我看着他微笑。球球背着书包,拎着红色水杯,回头朝我摆摆手:"妈妈再见。"四目相对的一刹那,时光好像回到了童年。小时候,微笑着低头注视着我,不言不语,是爸爸经常做的事。那时候,父母忙于农活,整个暑假,我都要和姐姐一起顶着炎炎烈日在大山里放牛。牛喜欢我,它喜欢所有能带它出去吃青草的人。我也喜欢牛,却非常不喜欢放牛。不喜欢又逃不掉,整个假期,我都过得郁闷又煎熬。爸爸的微笑是那段难挨的岁月里的唯一的甜。他会看着我,目光里充满无尽的爱与欣赏,这让我觉得自己是这个世界上最幸福、最富足的小孩。在当时,我并不知道这个画面会定格在心里,也不会料到以后会给我带来什么。直到长大离家,开始独立生活后,我才发现爸爸的微笑是我迷茫时的灯塔、受挫时的加油站,让我有勇气追求自己的理想，有力量克服一个又一个的困难。现在，每次打电话回家，听到爸爸的声音时，我都会想起那个温馨的画面。岁月赋予我的，从来都是快乐生活的底气。

有了自己的孩子后，我惊讶地发现，自己会情不自禁地对他们做着跟我的爸爸一样的动作，就像爸爸当年看着我那样，我习惯性地微笑着看着我的孩子们，不言不语。这让我感到幸福，我从孩子们的一举一动中看到了亦如当年那个小小的我一样的内心的安全感和自信。我相信，这也终将沉淀成他们生命的底色和力量的源泉。

如果我们能够在孩子面前专注地学习和工作，这个画面也一样可能会深深植入孩子心中，让他们愿意终身学习。所以，如果想要培养孩子专注的学习态度，最直接、最有效而且几乎不需要成本的方法，就是我们自己坐下来，拿起书，在孩子面前阅读。不妨全家一起制订一个"共同学习计划"，父母通过学习不断提升自己，孩子通过复习、预习完成课业内容。这样可以避免由于"陪写作业"时包揽太多，孩子变得过度依赖。对于父母来说，这样既收获了知识，又积极正向、高质量地陪伴了孩子。如此，家庭的正能量就在这种肩并肩的学习中流淌出来。

相反，如果父母对学习和工作抱有不耐烦的消极态度，在日常生活中经常在孩子面前抱怨工作、抵触学习，孩子也会厌恶学习，甚至持续影响他们长大后的工作和生活。所以，首先请家长注意自己的言行，时刻提醒自己应该给孩子树立爱学习的形象，如果出现负面言行，请立刻调整，从改变自己做起，为孩子树立一个好榜样。

科学饮食及运动,也会大大提升孩子的专注力

在孩子的专注力影响因素中,饮食、运动和睡眠常常会被忽略,但其实它们对孩子学习的影响非常大。实际上,专注力训练需要时间,而饮食、运动和睡眠的改善对于提升孩子的课堂专注力具有立竿见影的效果。

低糖饮食,让孩子集中注意力

基于孩子的饮食喜好,或者单纯为了便捷,不少家庭在早餐时经常给孩子准备糕点、面包和面条等食物。这类食物的共同特点是采用精白面粉,含糖量高,易消化,不耐饿,所以它们不利于孩子上午的学习。

人的大脑神经元有一个特性,它需要"葡萄糖"供给能量才能保持活跃,而且只吸收葡萄糖,其他物质被拒之门外。

孩子早上吃的精面高糖类食物进入身体后,快速转化为葡萄糖,被身体和大脑吸收。大脑一下子吸收太多葡萄糖就会高度兴奋,尤其对于专注力比较差的孩子来说,将导致其更难以安静听讲。由于这类食物易消化,等到上后两节课的时候,孩子容易饥饿;再加上孩子活泼好动,能量消耗快,身体容易疲劳,难以有足够的精神专心学习。

所以,为了孩子在课堂上拥有好的学习状态,家长应尽量避免让孩子摄入高糖食物和饮品。建议早餐给孩子准备牛奶、鸡蛋、薯类、南瓜等高蛋白、高纤维的食物。在日常生活中,营养均衡的饮食对孩子的智力发育大有裨益。

鼓励运动,促进孩子的身心健康发展

运动对学习的好处可以用以下 24 个字来概括:"强身健体,锻炼大脑;释放情绪,心情愉悦;收获自信,迁移学习。"

运动除了可以让孩子的身体变得强健外,还会促进大脑中多巴胺的分泌。多巴胺是一种让人心情放松、精神愉悦的物质,有助于孩子快速进入学习状态,从而提高学习效率。

2007 年,山西某初中三年级有 6 个班,按照以往成绩,六班的平均成绩是全年级最好的,五班则排在中下。如果不出意外,半年后的中考,六班将成为考上重点高中人数最多的班级。而结果却出乎意料,那一届的中考录取情况显示,五班的平均成绩提升了 26%,平均分超出六班 5.3 分,考上重点高中的学生人数在全校的班级中排名第一。这个结果让校长和老师们感到很意外。

五班能够取得这样的结果,得益于班主任李老师做了一件事。李老师有一位大学同学,他是中科院心理研究所的教授。在得知这位大学同学的课题研究方向是"学习动机和记忆提升"后,李老师便找机会将自己所带班级学生的详细情况告诉了这位教授,并向他请教解决方法。教授根据自己多年的研究以及班级的具体情况,提出了一些建议。他建议这个班的学生在第二节课后围着操场跑五圈后再上第三节课,每天坚持这样做,一直到中考前。

基于对老同学的了解以及对对方取得的多项重大科研成果的敬佩,李老师在征得学校同意后,按照老同学的建议,每天雷打不动地带着学生到操场上跑操。当时学校没有跑操规定,只有他们一个

班的学生在紧张的复习中做这项看似跟中考毫无关联的运动，成了操场上一道靓丽的风景。后来，课间跑操成了该校学生的日常。课间运动让孩子们的压力得以释放，心情得以放松，更能集中精力复习，迎接考试。

运动不但能让孩子们释放紧张的复习压力，而且还能让在运动中产生的好心情和自信心迁移到学习中去。我们也经常如此，在完成一件令自己高兴的事情后，接下来做其他事情时的信心和效率都会大大提高，而且往往会出奇的顺利，大有"一事顺，事事顺"的意味。

沃尔特·惠特曼（Wail Whitman）曾经说过："我们因自身的存在而信服。"而我认为，孩子的自信最先来自他们对自己身体的自信。而对身体的自信需要在运动中感知。

假设孩子仅有一小时的时间，需要在学习和运动中二选一，我认为应该支持孩子去运动。虽然平时不会遇到这种选择情况，但是随着孩子年级的升高，会面临因为学业太多而不得不挤占玩耍时间的情况。这时，家长不妨果断地让孩子出去运动一会儿再学吧！学习不是一场百米冲刺，一下子跑完就可以了，而是马拉松，是一辈子的事，拥有好身体和好心情才是取胜的基础。

睡眠充足，保证孩子精力充沛

睡眠是身体和大脑得以休整的重要手段，可以保证孩子有充沛的精力学习。不仅如此，人在睡觉的时候，大脑也会在不知不觉地学习。

在化学史上，德国化学家凯库勒在睡觉时悟出苯分子的环状结构的经历，就是一个十分有趣的例子。1865年，凯库勒正在比利时的根特大学任教，当时化学家们已经证实苯是由6个碳原子和6个氢原子组成的，但很长时间止步于此。至于具体的苯分子结构，长期以来，众多科学家试图用各种不违反化学键规则的方式排列碳原子和氢原子，但都不符合苯分子的已知性质。一天夜里，凯库勒在书房中打起了瞌睡。在睡梦中，他的眼前又出现了旋转的碳原子。碳原子的长链像蛇一样盘绕卷曲，忽见蛇抓住了自己的尾巴旋转不停。他像触电般地惊醒，迅速整理出了苯环结构的假说，轰动了整个化学界。

脑科学研究显示，**如果我们在某一天学了新的知识，在当天最好能够保证充足的睡眠，更有助于理解、吸收、记忆**。相反，如果缺乏睡眠，我们就会很快忘记刚刚学到的知识。

不知道大家有没有观察到孩子会有这样的有趣现象，比如一个知识点，你越努力教，他看起来越迷糊，似乎走进了死胡同，怎么都绕不出来。你只好摇摇头放弃了。过了一段时间后，你却惊喜地发现孩子自己会了；再如，孩子练钢琴时，一段曲子怎么也弹不好，第二天睡醒起床后，居然能流畅地弹出来了。

之所以出现以上这些奇妙的现象，是因为在我们睡觉的时候，大脑会用各种形式整合信息并与过去的"记忆"关联，而做梦时，我们的记忆也会得到巩固，知识在大脑中慢慢融合、积累。

对孩子来说，保证充足的睡眠对知识的学习和身心成长都是非常重要的。其实，不只是睡眠，充足的放松对人的大脑和心灵也十分重要。我们会有这样的体验,坐在办公桌前对着一个问题苦苦思索,却百思不得其解;而在我们走路或者洗澡的时候,突然像得到了神仙点拨似的有了灵感,难题"迎刃而解"了,全身有了一种畅快通透的感觉。

爱因斯坦就曾向普林斯顿大学的一位心理学家请教:"为什么我最好的灵感总出现在早晨刮胡子的时候?"因为对于一位科学家来说,"刮胡子"时就是他最放松的时段。

在休息的时候"触类旁通",获得灵感的例子不胜枚举。譬如华裔建筑师贝聿铭,当美国要将国家大气研究中心盖在科罗拉多州海拔近两千米的岩石台地上时,他虽然接下了这项任务,但是这无疑是一个巨大的挑战,因为他过去做的工作是都市建筑设计,从没遇到过这么复杂的任务。他全身心投入设计研究,但冥思苦想了十几个方案都不能让自己满意,只好放下工作,到户外喘口气。结果在科罗拉多州南部维德平台上,他看到印第安人残留的塔楼并惊喜地发现,这些塔楼的外形和颜色与附近的地形浑然天成,并融合在一起,由此而获得了启发。他马上飞奔回家,画出了配合岩石台地的国家大气研究中心的建筑设计图,几乎一气呵成。后来,该建筑不仅成为他最具代表性的作品,还成就了他日后独特的设计风格。

学习的秘密并不在于"头悬梁,锥刺股",而在于"会学会玩"。真正的学霸,不是一个只知道学习的孩子,而是一个主动休息、注重运动、均衡饮食、精力充沛、有专注力的孩子。

第二章

方法用得对,不催不吼孩子就能自己写好作业

轻松让孩子主动写作业：把让人上瘾的游戏要素用在作业中

在讲座现场，很多家长都曾无奈地跟我说："感觉别人家的孩子写作业都不用管，只有我们家的孩子每天都得吼，吼完才开始写作业，但是到了第二天，还是老样子。"还有些家长更是无奈道："我们家的孩子，要是不提醒他，就知道玩游戏，能一直玩到睡觉。"

有的家庭中常常会出现这样的情景，孩子拿着手机玩游戏，父母问孩子为什么还不开始写作业，孩子头都不抬地敷衍一句："这就写。"家长忍住火气，一个小时过去了，孩子依然沉浸在游戏中，学习的事早已忘到九霄云外了。家长终于忍无可忍，怒目而视，大吼道："赶紧写作业去！"迫于无奈，孩子磨磨蹭蹭地坐到书桌前。看到孩子这副样子，家长怒气未消，焦虑又起。

父母问孩子为什么这么不愿意写作业，孩子说："写作业太无聊了，一点意思都没有。"父母便开始担心："照这样下去，还不得连学都不想去上了啊，要是孩子真厌学了怎么办呢？"

在我们身边也会看到，经常有孩子"挂着羊头卖狗肉"，将手机藏于书本之下偷偷玩游戏。理性上，孩子明白需要学习，自责自己不能按时完成作业；感性上，却沉迷于游戏不能自拔，把父母的话当作耳旁风。就这样，在作业与游戏之间来回撕扯，极度内耗，最终游戏拔得头筹，耀武扬威地夺取着孩子的注意力，孩子因此沉沦。

为什么游戏会让孩子如此着迷呢？那些让孩子欲罢不能的游戏要素能不能用到孩子做作业中？

⭐ 让孩子像玩游戏一样积极写作业的"黄金三部曲"

当我告诉家长们，我们可以让写作业游戏化时，家长们的第一反应是：把写作业游戏化是个好主意，可是具体该怎么做呢？

让我们看看小树的妈妈是如何做的吧！

小树的父母都是中科院的老师，夫妻俩从小都是不用父母操心、成绩优秀的孩子。本以为儿子小树会像他们小时候一样懂事，于是从小树出生起就对他寄托了厚望，他们希望儿子将来能够子承父业，做科学家。可等到小树上了小学后，夫妻俩越来越沮丧，他们发现理想与现实间的差距太大了。

小树可不像父母小时候那么自觉地学习，实际上，他每天都需要父母催着才开始学习。小树感到很委屈，每天听到最多的就是"快去学习！""别玩了，赶紧写作业！"之类的话。更委屈的是，写作业的时候，妈妈总是坐在旁边，一会儿提醒他抬起头来，一会儿告诉他"再接再励"的"励"字写错了，一会儿又批评他态度不认真。时间长了，小树并没有变优秀，才刚上三年级就产生了厌学情绪。只要爸妈一提作业，小树的抵触情绪就非常强烈："我讨厌学习！讨厌写作业！"

面对儿子的反应，聪明的妈妈敏锐地认识到陪伴儿子学习的过程中需要讲究方法，于是开始拿出做科研的劲头琢磨起来，及时地改变了做法，不再逼着小树写作业。后来，小树爱上了写作业。

小树的妈妈是怎么做的呢？刚开始她是这么想的：因为作业太枯燥，所以不想写，这是很多孩子对作业的真实态度，自己小时候也曾有过这样的感受。既然这样，如果想让儿子主动写作业，就得先让他喜欢作业，想让他喜欢作业，就得让写作业变得轻松有趣。有什么办法能让写作业变得轻松有趣呢？

小树的妈妈在读博期间养成了一个习惯，当写论文累了时，她就会在午饭后玩半小时的游戏以便让大脑放松下来，这个习惯一直保持着。有一天，小树的妈妈在单位食堂吃过午饭后，回到办公室打算玩一会儿游戏，她在打开游戏界面的一瞬间得到了启发：只要在儿子写作业的过程中像游戏一样设置一些小技巧，不就可以让作业变得轻松有趣了吗？这个发现让小树的妈妈有点兴奋，于是迅速拿起纸和笔，一边回忆自己玩游戏时的感受，一边在纸上列出了游戏中吸引人的4个要素设计：

- 充满新鲜感的开端；
- 打怪升级过程中没有批评，只有鼓励和表扬；
- 任务有分级，而且每一级的小挑战都较容易实现；
- 任务完成后及时奖励。

写下游戏激发玩家兴趣的要素设计后，妈妈便根据它们设计了让小树不再排斥写作业的"黄金三部曲"，并用在了陪伴儿子学习的过程中。

（1）用充满新鲜感的名字吸引小树迫不及待地开始写作业。

二次元的美少女、端着冲锋枪发出"咔咔"声的战士……游戏总能吸引我们的注意力，哪怕不玩游戏的人，也常常会出于好奇看上几眼新奇有趣的游戏界面。

而小树一想到背诵课文、习题练习等这些枯燥的学习项目，还没开始,大脑便已经打了退堂鼓。妈妈就从"设置新鲜感的开端"入手,将他的注意力吸引到作业中。

小树从小就喜欢警察,他的梦想是长大后成为一名警察。需要他做习题时,妈妈不再说"快开始做题!"而是换成:"来,警察执勤了。"一听到警察执勤,小树便很爽快地接受了,马上打开作业本做了起来。等他做完题,妈妈看到其中有几处错误,却不再像以前那样严肃地批评孩子不认真,而是用游戏的口吻说道:"现在,小警察要去抓小偷了,看看题里面有没有错误,要是有,就找出来帮助他'改邪归正'吧。"说完,还在小树的后背上轻轻拍了一下,表示他该进入警察角色了。以前,妈妈只要一提改错,小树便烦躁地认为妈妈吹毛求疵,不信任自己。母子俩经常闹得不愉快。

现在,妈妈改变了策略,根据孩子的兴趣把写作业换成"警察上岗",把找错纠错改成了"警察抓小偷",然后引导小偷"改邪归正",整个写作业的过程轻松而愉快。写完数学作业,休息了一会儿,小树便自觉地开始写语文作业,还告诉妈妈:"警察又要上岗了。"

给作业改个名字,增加新鲜感,可以吸引孩子迫不及待地开始。具体做法是,根据孩子平时喜欢的角色,比如警察、航天员,甚至奥特曼等,在写作业前赋予他一个角色,让角色"附身"上岗。比如,小树妈妈用的是"警察上岗",在需要孩子纠错时,又让他以"警察"的身份抓住作业中的"小偷"——作业中错误的地方。"警察"抓到"小偷"后,审问并引导"小偷"改邪归正,即把错误答案找出来,并写出正确答案。

(2)用登山模型教会小树将学习的总任务拆解成一个个子任务,在完成任务的过程中,多肯定,少批评,这样小树就能够一心一意地写作业了。

妈妈知道,从青铜到白银再到王者,游戏中都会设置不同的任务级别,而且每个级别都有明确的目标,这也是游戏吸引人的地方之一。实际上,目标不明确,孩子坐在那里就会像盲人摸象似的应付了事。没有清晰的目标就没有强烈的成就感,没有强烈的成就感就很难坚持。这就是孩子写作业时一会儿要喝水,一会儿要吃东西的主要原因。

小树的妈妈想起以前带小树去爬过山,于是画了一座高山,并在山上画了一条弯曲的路。

妈妈跟小树说:"你还记得上次我们爬过的坡峰岭吗?"

一听坡峰岭,小树使劲点点头,因为那次的爬山经历让他觉得特别快乐。

妈妈接着说:"你今天写作业就像我们去坡峰岭爬山,往上爬的时候,你很期待爬到山顶对不对?"

小树点点头,说:"嗯,对。"

妈妈在山顶画了一面小旗子代表总目标,接着问小树:"我们往上爬的时候是一口气爬到山顶的吗?"

小树来了兴致:"不是,我们一共经过了3个凉亭,每经过一个凉亭都在亭子里歇了歇才继续爬的。我还记得咱们在中间那个凉亭里坐下来吃了些零食。"

妈妈边听小树说边在弯曲的路上画了3面小旗子，对小树说："我们的目标是爬到山顶，一段一段慢慢爬，最后到达山顶的时候也没有觉得特别累，还觉得一路上的经历很有趣。我们可以把今天的作业也分成3部分来做，每完成一个小任务，就休息5分钟，起来喝口水或伸一下懒腰，你觉得怎么样？"

听妈妈这么一说，小树觉得很有意思，头点得像小鸡啄米一样，说："好！好！"

母子俩商量后决定，先背诵《日月潭》的第2至第4自然段，再用今天学的九九乘法口诀计算3道应用题，最后跟读英语课文，每项任务完成后，休息5分钟。把任务拆解后，小树将每项小任务依次写在旗子旁边。妈妈则在山顶上的旗子旁边写上了"将作业收好，整理好书包"，如图2-1所示。

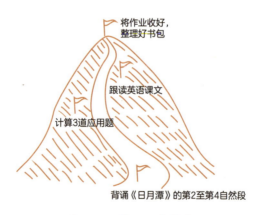

图2-1　作业任务拆解

小树很高兴地按照计划执行了起来，在他写作业的过程中，妈妈不再像以前那样紧紧盯着，更没有批评他。妈妈发现，每完成一项任务，小树会自发地在代表任务的旗子旁边打上对钩，打完对钩后他格外高兴（打对钩是孩子自发的行为，这没在母子俩的计划中）。

就这样，小树很快乐地完成了一项又一项学习任务，很快，所有的作业都完成了。有时候，休息不到5分钟，小树便会坐下来继续进行下一项任务。每天放学后写作业对小树来说，再也不是什么难事了，他觉得自己很厉害。

（3）小树完成任务后，妈妈会及时鼓励他，让写作业的过程以母慈子孝的形式结束。

小树写完一门作业时，妈妈会微笑着对他竖起大拇指，这让小树感到更加快乐和自信。有了成就感，小树就更加不讨厌写作业了。

就这样，每天重复以上三个步骤。过了一段时间，小树不知不觉喜欢上了写作业，每天放学后再也不用爸爸妈妈提醒，自己就坐下来学习了。

我们可以把小树妈妈的方法总结成3步，我们将其称为让孩子爱上写作业的"黄金三部曲"。

第一步，迫不及待式开始：设置有吸引力的开头。

第二步，一心一意式过程：拆解作业任务。

第三步，母慈子孝式结束：及时肯定孩子。

大家不妨试一试，将游戏中让孩子沉迷的因素迁移到学习中，巧妙点燃孩子写作业的热情，就能轻松地让孩子主动写作业。

一招根治作业拖拉磨蹭：即便没写完也让他停下来

"题目没做完，不能玩！""作业做完了吗？你就想玩。"你有没有对孩子说过这样的话？

建议家长以后看到孩子还没有完成一项学习任务时就跟他说："很遗憾，按照我们的约定，到点了，不能再学了，出去玩吧。"为什么要这样做呢？这不是在鼓励孩子轻易放弃吗？事实并非如此。

越是在孩子没做完作业的时候叫停学习，越能激发他"没做完太可惜了""很想要继续学"的心理，从而激发孩子对下一次写作业的期待。这不正是我们想要的结果吗？

★ 追求完整是大脑的天性

为什么在孩子没做完作业的时候叫停，反而能激发孩子做作业的欲望呢？

因为人类天生具有一种特质，那就是"喜欢完整的事物，不喜欢缺失感"。这种现象在心理学上叫作"蔡格尼克记忆效应"。通俗来讲，与已经完成的任务相比，尚未完成的任务更能刺激大脑尽快将它完成；比起已经得到的东西，得不到的东西往往更令人惦记。成人的恋爱如此，孩子的学习也如此！

我们不妨来做一个实验：看到图 2-2 所示中的图形，我们一眼就能看出这是一个茶壶。虽然它缺失了一部分，但是大脑会自动将它"脑补"完整；否则，看着会觉得别扭。

图 2-2　缺失了一部分的茶壶

再举个例子。对于你正在看的连续剧来说，你看得正起劲，眼巴巴盯着接下来的剧情，"本集完"忽然而至。你被吊足了胃口，心急火燎地耐着性子期待下一集。是不是这样？这正是大脑"喜欢完整剧情"的特性设下的套路。使用同样套路的还有广告商，每每到了电视剧高潮部分，除了"本集完"还有可能是"恰逢时机"地插播广告，这样的设计虽然会使观众不高兴，但激发了观众迫切地想看接下来的剧情的欲望。

动画片的设计也是如此，为了吸引孩子们的注意力，剧情会在悬念处戛然而止，当然，也会经常"恰逢时机"地插播广告，让孩子更加期待下回再看。家长很头痛，明明跟孩子约好"看20分钟就关掉电视去写作业"，可是，孩子看了一小时，还坐在沙发上一动不动，根本停不下来。这让很多家长既生气又焦虑。那么，我们为什么不把电视剧和广告商的套路应用到孩子们写作业的过程中呢？

细分时间,让孩子高效写作业,避免打疲劳战

把电视剧和广告商的套路用在孩子的学习中,推荐大家采用"细分时间+拆解任务"的方法。我们在前面已讲到过拆解任务的方法,下面将再进一步讲解根据时间长度来拆解任务及细分时间的具体方法。具体来讲就是:

第一步:细分时间段;

第二步:根据时间段来拆解单科作业量。

首先,如何细分时间段呢?

很简单,就是根据孩子的年龄而定,因为不同年龄段的孩子,其集中注意力的时间是不同的。细分时间的目的是保证孩子在写作业的时候注意力更集中,避免陷入疲劳战。

2012年,中国教育部颁布了一项关于幼儿专注力的调研,调研中指出了各年龄段孩子对应的平均专注力时长,见表2-1。

表2-1 各年龄段孩子对应的平均专注力时长

年龄/岁	专注力时长/分钟
3~4	10
4~5	15
5~6	15~20

对于小学低年级的孩子来说,能够持续集中注意力的时间一般为15~25分钟,对于小学高年级的孩子来说,能够持续集中注意力的时间一般也只有15~30分钟。所以,我建议以10~20分钟为一个学习时间单位进行切换。

即便专注力很好的孩子,真正能够专心学习的时间也只有20

分钟左右,听起来是不是很意外?"平均专注力时长"揭示了一个经常被我们忽视的事实:孩子的专注力时间有限,所以应该考虑他们的年龄和专注力情况,把学习任务进行拆解,一步一步来完成。还要注意,在完成作业的过程中,只要时间用完了,即便没有写完作业,也要果断地让孩子停下来去玩,这样就能够像电视剧一样,让孩子对接下来的写作业过程充满期待,以便保证下次写作业的效率,而不会边写边玩了。

二年级的妮妮放学回家后有语文和数学两门作业。语文作业包括熟读课文、熟练课后生字词,数学作业包括订正当天课堂练习中的错误以及妈妈额外布置的一页练习题。那么妮妮的父母应该根据妮妮平时的表现,定15分钟为一个作业时间单位,然后跟她一起明确作业任务,预估每项作业需要花费的时间,再对任务进行拆解执行。比如预估熟读课文需要花费10分钟,熟练课后生字词需要15分钟,订正错误花费10分钟,一页练习题30分钟(15分钟+15分钟),那么四项作业最好分成五步完成,让孩子自己来决定完成顺序。每隔15分钟要让孩子起来放松5分钟。

这样,每个单位时段都在妮妮的注意力集中时长限度内,都能保证妮妮专心做作业。时间用完时,如果她还想继续做下去,也要果断叫停,让孩子去休息,然后转入下一项。到最后,妮妮轻轻松松完成了作业,内心成就感爆棚:原来写作业没有那么难。

细分时间+拆解任务的方法除了能保证孩子集中注意力提升作业效率,还有一个好处是可以降低孩子写作业的行动门槛,增加孩子的自信心，避免出现畏难情绪。

如果孩子的专注力比较弱，还可以减少单位时间长度。总之，要根据孩子的实际情况确定作业时长。

另外，当孩子说"我想继续做"的时候，家长往往很高兴，这个时候一定要克制。一旦孩子"还想继续做作业"的愿望得到了满足，以后就很难再想继续做作业了。所以，这个时候，父母一定要舍得对孩子说："时间到了，先休息吧！"

趁着孩子想学的时候让他多学点，这是父母的正常心理。但是，比起让孩子尽快完成作业，让他对作业产生兴趣更重要，是吧？不要为了让自己心里舒服就让孩子长时间写作业，最终把学习的兴趣耗尽。**在孩子意犹未尽的时候果断喊停，帮他保持更浓厚的学习兴趣。**

测一测：你的孩子对时间的管理和制订计划的能力如何？

读到这里，你应该能体会到，孩子能够自主写好作业，首先是他对作业有兴趣，才能主动写作业。前面的内容中我们所讲解的就是用对的办法激发孩子做作业的动力，以及在孩子写作业的过程中如何保证效率，让孩子的学习不打疲劳战。

即便如此，有些孩子却常常因为玩电子游戏、跟同学聊天或看喜欢的电视节目等生活中无处不在的极具诱惑力的事情，而耽误了写作业。根本原因就是，对这些孩子来说，自己有多少件事、多少时间都是没有概念的，就更不知道该如何分配时间在每件事情上了。实际上很多家长对于合理分配时间都做不好，导致孩子们总是无法在规定的时间期限内或截止日期前将作业做完，这种现象俗称作业拖延症。

所以在孩子产生了做作业的意愿之后，我们还需要进一步教给他具体技能：时间管理和制订计划的技能。<u>自主作业＝动力＋效率＋时间管理＋计划管理，</u>只有孩子拥有了学习动力和具体的能力，能够保证作业效率，才能成为不用父母操心、自主写好作业的学霸。

学习与注意力障碍中心的临床心理学家佩格·道森（Peg Dawson）博士及其团队，通过对那些在学习、注意力和行为上有困难的孩子进行了30多年的观察与研究，制订了针对不同年龄段的孩子的时间管理能力和计划管理能力水平评定量表，分别见表2-2和表2-3。

每个年龄段分别对应3项，老师或家长可根据孩子的平时表现判定每一项的分值，再计算这3项的总分，最后根据总分判断孩子的能力水平。

最后，希望每个年龄段的孩子都能够较好或很好地完成列举的所有任务（每项分数达到2～3分）。

表2-2 测测孩子在对应年龄段的时间管理能力

年龄段	项目	分值	总分值	能力水平
幼儿园阶段	1. 能够按时完成每天的常规事情（如起床、穿衣、洗澡、睡觉等）			
	2. 能够在规定的时间内完成力所能及的任务（如在吃饭前洗干净手、离开前收拾好玩具等）			
	3. 在必要时，可以加快速度，利用更短的时间做完事情			
小学低年级（1~3年级）	1. 可以在规定的时间内完成简单的任务			
	2. 可以在规定的时间内完成早晨的常规事务			
	3. 可以在最后期限到来之前确定合适的时间做好某项作业任务			
小学高年级（4~6年级）	1. 可以在合理的时间期限内独立完成生活中的例行事务			
	2. 可以根据其他活动安排，调整家庭作业时间表（如果晚上要参加家庭聚会，会提前把作业做完）			
	3. 可以为长期学习任务预留足够的时间，减少时间冲突			
初中（7~9年级）	1. 通常能够在睡觉前完成家庭作业			
	2. 当时间有限时，可以围绕优先的事项做出合理的决定			
	3. 可以将长期学习任务分成几部分来完成			

说明：

1. 测定分值

0分，从不或极少；1分，能做到但是不熟练（大约25%的时间）；2分，做得不错（大约75%的时间）；3分，做得非常好（总是或基本能做到）。

2. 测定总分值对应的能力水平

A：0~3分，孩子的时间管理能力弱；B：4~6分，孩子的时间管理能力较好；C：7~9分，孩子的时间管理能力很好。

表 2-3 测测孩子在对应年龄段的计划管理能力

年龄段	项目	分值	总分值	能力水平
幼儿园阶段	1. 能够在开始新活动之前，先把手头的活动完成			
	2. 能够完成包含多个步骤的简单的艺术表演			
	3. 能够遵守别人的指令完成简短的计划或者常规任务			
小学低年级（1~3年级）	1. 可以完成包含两三个步骤的任务（如手工、搭积木等）			
	2. 能够为购买某件自己喜欢的价格不贵的玩具做赚钱/存钱计划			
	3. 能够在成年人的支持下完成包含两三个步骤的家庭作业（如准备课堂演讲、做主题小抄报等）			
小学高年级（4~6年级）	1. 可以为和朋友一起出游或看电影制订计划			
	2. 能够想办法为购买自己心仪的某件价格较高的物品制订赚钱/存钱计划			
	3. 可以完成学校布置的长期任务（允许在老师或者父母的帮助下将其拆解成诸多步骤）			
初中（7~9年级）	1. 能够为完成学校任务，或者为学习某些自己感兴趣的东西而进行网络搜索			
	2. 可以为课外活动或暑假活动制订计划			
	3. 可以在成年人的帮助下完成老师布置的长期任务			

说明：
1. 测定分值

0 分，从不或极少；1 分，能做到但是不熟练（大约 25% 的时间）；2 分，做得不错（大约 75% 的时间）；3 分，做得非常好（总是或基本能做到）。

2. 测定总分值对应的能力水平

A：0~3 分，孩子的计划管理能力弱；B：4~6 分，孩子的计划管理能力较好；C：7~9 分，孩子的计划管理能力很好。

培养孩子的时间管理技能,破解做什么都不想做作业的难题

孩子写作业拖延,很多时候并不是不想写,而是因为无法管理好自己的时间。所以,想让孩子按时写作业,还需要培养孩子时间管理技能。而想要培养孩子的时间管理技能,首先需要让他具有时间观念,也就是时间管理意识,然后再锻炼他对时间的估算能力,最后教给他具体的时间管理方法。**时间管理 = 时间管理意识 + 时间估算能力 + 时间管理方法**,只有这样,才能真正有效地帮助孩子学会时间管理。

Step1:在生活中加强孩子的时间感知力

在学习时间管理方法之前,先培养孩子的时间观念和时间估算能力,撇开前两步直接谈方法是孩子甚至很多成年人时间管理能力无法提高的症结。

琳琳今年 11 岁,是一位非常认真的学生,每天把自己的书包和笔记都整理得井井有条,会把所有的家庭作业记在本子上,放学后回家吃点水果就开始写作业,每科作业都整洁又有序,根本不用父母操心。8 岁的妹妹美美则与姐姐琳琳完全不同,她把家庭作业视为负担,能拖就拖,一直等到实在拖不下去了,才会急急地写完。另外,美美早上出门上学,也令父母头疼,起床磨磨蹭蹭,穿衣服要用 10 分钟,好不容易洗漱完坐在餐桌前,胳膊支着小脑袋就开始神游。妈妈经常需要在早晨提醒美美按时到校,晚上则需要提醒她做家庭作业。

总之,美美跟姐姐不同,她没有时间概念,对事情的紧迫性几乎没有感觉。

美美上了三年级后,妈妈决心要加强她的时间管理意识。便在墙上贴了一张12个月的日历表,并且跟美美一起把一家四口人的生日和儿童节、圣诞节、元旦等几个美美期待收到礼物的节日找出来,美美在对应的日历框内画了一朵小红花标记,每过一个节日美美就画掉一朵小红花。妈妈还开始加强对美美的睡觉、起床、吃饭等的规律作息习惯的培养,帮助美美形成有序的习惯。美美放学回家,或者周末在家,妈妈经常会问美美:"你今天都有哪些事情需要做呀?""你打算先做什么,再做什么呢?"这样一来,美美的时间观念开始变强了,而且开始尝试安排自己的时间。

比起抱怨、指责孩子,落实到行动帮助孩子才能真正让孩子在时间管理能力上获得成长。美美的妈妈用行动代替了唠叨,首先她开始自己使用日历,并贴在墙上,邀请美美加入时间计划,使美美对时间产生一种"看得见"的直观感。

Step2:锻炼孩子恰当估算时间的能力

不局限于只使用日历,妈妈送美美上学的路上,经常会跟美美聊天:"从咱们家到学校大约需要15分钟。"或者出门前会问:"你猜今天咱们到学校需要几分钟?"到了学校门口,妈妈会说"哇,今天只用了12分钟"或"今天用了20分钟呢"。在周末出游前,一家人会提前探讨"一天的计划",还要讨论完成某件事需要花费的时间。比如一家人要去奥林匹克森林公园,美美和姐姐便会兴高采烈地规划到公园、在公园玩耍以及在回家的路上到爸爸的单位餐厅吃晚饭等事情大约需花费多少时间。这样美美便理解了时间的含义,以及时间和事件之间的关系。自从美美有了很强的时间感知力后,便开始使用日历和时间表来规划自己的日常学习。

睿智的妈妈和美美一起讨论上下学路上需要的时间,这就锻炼了美美估算时间的能力。孩子有了时间观念后,估算时间是时间管理的重要组成部分。时间管理意识以及合理估算一项任务所需的时间,共同构成了人的时间感知力。缺乏时间估算能力也是很多成年人无法做好时间管理的根本原因所在。在平时生活中,做家务、完成家庭作业等都是培养孩子合理估算时间的好机会。美美妈妈利用周末出游的机会,让美美参与制订出游,并为每个步骤估算时间。和孩子探讨"一天的计划",并讨论完成某项活动大约需要花费的时间,可以帮助他们理解时间的含义以及时间和任务之间的关系。

 Step3:教给孩子时间管理的具体方法

美美虽然有了时间概念,也能为每件事估算时间了,可每天在做作业、玩耍、吃饭等事情多时还会手忙脚乱。她想要做好,只是缺少有效的时间管理方法。妈妈意识到这个问题后,便开始教美美具体的时间管理方法。一年后,美美上四年级了,她的时间管理能力已经跟姐姐一样好了,不再需要妈妈操心了。

美美的妈妈教给美美的时间管理方法有吞青蛙法、番茄钟法、时间饼图法、列清单法等,其中美美最常用也最有效的方法是时间饼图法(见图2-3)。

图 2-3 时间饼图

美美的妈妈分了三个步骤：第一步，陪伴美美记录自己每天活动的详细时间；第二步，根据记录，跟美美一起制作一天的时间饼图；第三步，跟孩子建立约定，明确执行的时间。然后按照这个步骤进行训练并跟进执行。

在培养美美有了时间管理意识后，美美的妈妈并没有停止，而是进一步教给美美时间管理的方法，这一步是关键。先培养孩子的观念，然后教给孩子具体的技能，是教育不败的核心秘诀。

有了时间管理意识并学习了各种方法后，如果孩子依然无法合理安排学习时间，那么原因可能是估算时间能力比较弱。同样的道理，有了意识，缺少方法，孩子照样无法合理管理好时间。所以，时间管理意识、时间估算能力、时间管理方法，三者缺一不可，按照顺序依次锻炼孩子，一定会让他获得受益一生的时间管理技能。

培养美美时间管理技能能够取得成功的另一个关键是，美美的妈妈在干预措施刚实施的时候，对孩子保持关注并给予及时鼓励。这一点十分重要，因为大多数孩子在发现培养某项技能或提升某种能力需要付出大量耐心和努力时，很容易产生放弃的念头。

培养孩子制订计划的技能：不盯不陪，让孩子独立高效完成作业

制订计划能力出色的成年人，能够在繁多杂乱的工作中有条不紊、一步一个脚印地完成任务。把事情一件件做成，让梦想一个个实现，是他们成功的关键。不擅长制订计划的人，则想起什么做什么，东一榔头西一棒槌，每天被事情牵着鼻子走，忙忙碌碌没有什么效率。

家长都希望自己的孩子能够做好计划，独立地、及时地完成作业。因为能够独立按时完成作业的孩子，会去关注作业质量、注重学习效果，最终学业成绩自然很优秀。

可是有的家长发现，孩子学会了时间管理后，倒是可以按时完成作业了，可随着年级的升高，学习任务的增多，或遇到需要长时间才能完成的作业，比如一项社会调查实践、观察并记录一株植物的生长周期等，孩子还是会手忙脚乱，导致无法合理安排时间，家长依然无法放手让他自己独立完成。

美美的妈妈在努力培养美美时间管理的技能的同时，也在培养

她的制订计划的能力,因为时间管理也包括为一个任务制订实施计划和时间期限,即学习任务管理=时间管理+计划制订。时间管理和计划制订二者不可分离,它们是保证孩子独立、高效完成作业的左膀右臂,两种能力需要一起抓。

那么,我们如何培养孩子制订计划的技能呢?

Step1:在生活中强化孩子制订计划和要事优先的意识

我们知道,在孩子的童年时期,学会制订计划很重要,尤其从四五年级开始,孩子需要完成包含多个步骤的作业或长期任务,计划的作用将变得尤为重要。

跟时间管理技能培养一样,首先得让孩子意识到学习需要有计划才行。做不成事,很多时候根本就不是能力不行,而是缺乏时间管理意识!孩子如果没有时间管理意识,后面都会变成空谈。

10多年前,我的先生曾在日本做过很长时间的科研,在那里,他切身感受到了日本人细致到近乎"严苛"的垃圾分类习惯,受环境影响,他也养成了垃圾分类的好习惯。2019年,在上海开始正式实施垃圾分类以前,他就已经将垃圾分类好多年了,而且还提倡家人这么做。我就一直做不到。有一天,先生看到我又顺手把易拉罐放进了厨余垃圾袋里,他一边伸手往外拿一边问我:"把垃圾分开装就是顺手的事,为什么就不做呢?"那次我还真认真想了一下,我发现,这个事情看似简单,但对于我还是有点难,最根本的原因是我没有垃圾分类的观念,也就是我并不认为垃圾有必要分类,所以做起来很难。直到有一天,我下楼丢垃圾,看着拥挤在墙角的满满一箱垃圾,再看看手里的垃圾袋,想想只是我们这一栋楼就这么多垃圾,中国那么大,那么多家庭,如果大家都能进行垃圾分类,举手之劳将会给保洁人员以及负责垃圾处理的工作人员减轻多么大的工作量,也会节省多么大的垃圾处理成本啊!从此之后,我开始有了垃圾分类意识,垃圾分类这件事做起来也就不难了。

培养孩子制订计划也一样。首先,在生活中要强化孩子制订计划和要事优先的意识。

铭铭一家跟我们同住一栋楼,是我们的邻居。三年级之前,铭铭一直能很好地完成家庭作业,但是自从上了四年级,作业量增加了不少,尤其学校还加入了长期的学习任务后,铭铭对家庭作业这件事开始变得手忙脚乱。他经常在众多作业前显得无所适从,尤其遇到需要长期进行的任务时,直到完成任务的截止日期,他都会惴惴不安。时间长了,只要爸爸妈妈询问作业进度,都会让铭铭情绪崩溃。这让父母意识到一个问题,需要帮助铭铭培养制订计划并按照计划一项项完成作业的技能了。

于是,每当铭铭开始做家庭作业前,妈妈都会说"让我们先做个计划吧"或"你的目的是完成作业,打算先做哪一科呢"。等铭铭说了之后,妈妈会接着问:"然后呢?"刚开始,铭铭说的时候妈妈会写下来,时间长了,铭铭自己也养成了将计划写下来的习惯。就这样,他把计划的一系列步骤都写出来,最后制作成一个任务清单,以便自己在完成每个步骤后可以勾掉。可别小看了孩子打对勾这个不起眼的动作,它会强化孩子的成就感,提供给孩子做事的动力。

在执行计划的过程中,妈妈没有放手不管,而是问铭铭:"你今天首先要做的最重要的事情是什么呢?"有时候铭铭想看电视了,妈妈会温和地说:"等你写完家庭作业,就能看一会儿电视了。"妈妈的坚持,让铭铭拥有了要事优先的观念。

铭铭的妈妈在日常生活中经常说"让我们制订计划"之类的话,培养了孩子制订计划的观念;利用"你认为今天最重要的事情是什么""做完作业,就可以看一会儿电视了"等,强化了孩子要事优先的意识。

这一步成功的关键是,在孩子小的时候,我们帮他制订计划,就是在孩子讲述计划安排时,由家长帮忙把每个步骤记下来或者用图画表示出来。家长示范一段时间后,就让孩子尽可能多地参与制订计划的过程,多问问孩子:"你需要先做什么?然后呢?"

孩子的教育不在口气严肃的大道理里,而是像美美妈妈和铭铭妈妈一样,将教育融入与孩子润物细无声的日常相处中。

Step2:教给孩子制订计划的方法,让他能够独立完成学习任务

在铭铭对做计划习以为常后,妈妈进一步教给他具体的计划方法。

当时正好赶上两周后铭铭班里要举行"金话筒"演讲活动。妈妈陪铭铭一起制订为完成这次演讲活动所需要做的准备步骤。

(1)确定主题。

妈妈问铭铭想讲什么,铭铭想了一天告诉妈妈想讲"抗美

援朝"。

（2）明确实施步骤。

主题定下来后，妈妈陪铭铭一起规划实施步骤，母子俩你一言我一语，铭铭负责记录，最后确定了实施步骤：列大纲—收集素材—制作PPT—准备演讲稿—反复排练—上台演讲。

（3）确定每一步的完成期限并跟进执行。

在这一步，每当铭铭感到没有足够的信心时，妈妈便会及时鼓励铭铭，以确保铭铭能够最终顺利按照计划完成演讲，感受到计划带来的好处。

另外，对于每一个步骤，妈妈让铭铭采用包含10种难易程度的量表来估算每一步的难度大小。其中，1代表"轻而易举"，10代表"几乎不可能"，母子俩一致同意，他们的目标是确保每项子任务对铭铭来说，难度≤3。如果铭铭感到难度超过3时，就继续将任务拆解，直到难度≤3。

铭铭只将这个流程走了一遍，便不再需要妈妈的陪伴了，放学后自己一遍一遍地演练。通过这件事，妈妈高兴地看到，铭铭能够做越来越多的计划分工了。

这一步能够成功的关键是，妈妈巧妙地按照孩子学习技能的底层逻辑，从外部环境入手提升孩子的观念，然后教给孩子技能并慢慢放手，在完成过程中，能够接纳孩子做得不完美的地方，耐心支持并给予鼓励。

下面总结一下妈妈培养铭铭制订计划的技能的步骤如下：

① 在生活中强化孩子制订计划的意识；

② 在与其他事情发生冲突时，提醒孩子要事优先；

③ 将完成该任务所需的步骤列出一个清单；

④ 评估每一步骤的难度（用 1 ~ 10 衡量）；
⑤ 拆解被铭铭认定为难度超过 3 的步骤，使之变得更容易；
⑥ 确定每个步骤的最后期限并跟进执行；
⑦ 提示铭铭完成每个步骤；
⑧ 在铭铭出现懈怠的时候及时提醒和鼓励。

可能 80% 的家长不知道的秘密：端正坐姿可以使学习效率翻倍

在网上看到过这样一个视频，视频是一位爸爸给正在上小学的女儿拍的，女儿叫小钰。上小学三年级的小钰在茶几上写作业时摆出各种令人忍俊不禁的姿势，一会儿青蛙蹲，一会儿手脚朝天躺平在沙发上，一会儿又劈叉……最后被爸爸禁止在茶几上写作业了。小钰问爸爸为什么不让她继续在茶几上写作业了，爸爸反问："你不知道为什么吗？告诉你多少遍了，写作业时要好好坐着写，你听了吗？"也许是对女儿屡教不改的行为感到相当无奈了，反问完后爸爸并未罢休，反而模仿起女儿摆出各种搞怪姿态。

该视频获得点赞 6.4 万个，家长们纷纷吐槽自家孩子。有一位爸爸这样评论："不能说高度相似，只能说一模一样，我以为只有我儿子是这样的。"然后又是引得一片讨论，有的家长说"随他去吧"，也有的家长说"提醒了不下千遍，嘴皮都快磨破了，就差上手揍了，真不知道该怎么管了"。

哈佛大学的高能量姿势法，提升孩子做作业的效率

家长们可能担心孩子写作业的坐姿不正会影响视力，也可能希望看到孩子好的学习态度。其实除此之外，孩子写作业时端正坐姿还会大大提升做作业的效率。

先看一个科研结论：仅仅是改变身体姿势，就能改变内分泌情况和脑神经的状态，让人变得更自信，更专注，更有力量，而且短短两分钟内就有效果。这是哈佛大学社会心理学家艾米·卡迪（Amy Cuddy）教授近10年的科学研究成果。对于孩子，写作业前调整坐姿，保持高能量姿势，就能够快速调整到最佳学习状态，提升做作业的效率。高能量姿势是指能够让我们达到最佳状态，增强心智的身体姿势。

艾米·卡迪，这位年轻的哈佛商学院教授，她的TED演讲"用肢体语言塑造你自己"的视频播放量近5000万次，曾经创造了TED演讲史上全球点击率第二的成绩。别人想不到的是，艾米·卡迪在上大学期间，经历过非常严重的车祸，大脑遭受了重创，智商下降了整整30分，一度被医生认定无法继续完成大学学业。

就是这样一位女性，最后取得博士学位，成了哈佛大学教授，还被列为世界经济论坛的"全球化改变世界50强女性"之一。而这其中起到关键作用的奥秘就是高能量姿势法。

正是通过不断调整身体姿势，艾米·卡迪最终让自己走出了车祸造成的沮丧、迷茫、焦虑和自卑状态。

后来，她和团队又通过研究发现，当人们像舞台上的芭蕾舞演员那样扬起下巴，挺起胸膛，摆出扩展性、开放性的高能量姿势时，睾丸素水平上升19%，皮质醇水平下降25%；同时，如果摆出

低能量姿势,比如低头含胸,这两种激素的变化趋势则正好相反,睾丸素水平下降了10%,皮质醇水平上升了17%。睾丸素具有提升精力和体能的作用,人体内分泌的睾丸素含量增加的时候,就会产生一种王者之风的掌控感,状态就会变得很好;皮质醇又称为压力荷尔蒙,高皮质醇水平会造成健忘、恍惚、注意力难以集中的状态。

这个结果充分表明,让孩子写作业时端正坐姿,就能带来积极影响。

如何才能让孩子保持高能量姿势?

很多家长为了让孩子在学习的时候保持良好的坐姿,几乎无时无刻不在提醒孩子坐好。这不但让孩子深感不耐烦,家长自己也会像小钰爸爸一样感到无奈,因为无论怎么提醒,孩子写作业时照样东歪西扭。我也有过同样的经历。

球球上一年级的时候,写作业不是趴在桌子上就是歪在椅子上,多次提醒后依然没有改正。正好那时候因为表演过《少年中国说》的功夫操,他为自己是一名"中国少年"感到自豪。

我说:"球球,你知道写作业时坐正了有什么好处吗?"(让孩子知道做这件事的意义)

球球说:"身体可以长得像军人一样挺拔,歪歪扭扭的时间长了,身体就可能长歪了。"

我说:"是呀,不仅如此,端正坐姿还能帮助你快速进入学习状态,写作业更快呢。这样你不光能学得又快又好,还能有更多时间玩了。"

说完，我给他讲了艾米·卡迪的经历。

听完故事后，球球来了兴致，马上从松松垮垮的状态调整为板板正正的姿势。

我对他竖起大拇指说："怎样才算坐姿端正呢？"

球球说："挺胸抬头，不能趴在桌子上，也不能歪着身子和用手捧着头。"

我点点头，从手机上搜了一张小学生坐姿端正的图片，一边拿给他看，一边说："你看，坐姿端正就像图片上这位小朋友一样，坐在椅子的前1/2或1/3处，上半身尽量挺直，大腿和背部呈90°，小腿和大腿呈90°，胸部跟桌子保持一拳距离。"（确保孩子有清晰的做法）

我一边说，球球一边调整坐姿，最后得意地问道："妈妈，你看我的坐姿怎么样？"

我微笑着点点头。

那次作业球球保持了端正的高能量坐姿。可是，接下来养成习惯的过程并非一帆风顺。第二天，球球写作业时早已将规则忘到九霄云外了。我一提醒他，他马上就能坐好。可没坚持多长时间，就又趴在了桌子上。我又提醒，如此反复。第三天依然如此，球球对我的提醒开始感到不耐烦。他说："哎呀，妈妈，我知道了，你不要老提醒我了。"

我说："不提醒你，你再趴在桌子上怎么办呢？妈妈很希望你能养成好习惯。有什么办法能够解决这个问题呢？"

听我这样说，球球思考了一下，说："咱们采用'暗号法'怎么样？以后我再趴在桌子上，你一说'中国少年'，我就坐正，好不好？"

按照这个方法，我们演练了一遍。

接下来的几天，每当需要提醒他坐正时，我就说"中国少年"，球球也能愉快地调整坐姿，渐渐地就不需要我提醒了。（采用孩子感兴趣的方法提醒）

从这个过程可以看出，抓住以下三个关键就能更好地帮助孩子养成习惯。

（1）一定要告诉孩子为什么需要端正坐姿。

很多时候，包括成年人在内，做不好事情的根本原因不在于能力，而在于没想明白做这件事的意义，也就是为什么要做。家长在告诉孩子学习时端正坐姿有利于身体发育、养成好的学习习惯、提升学习效率时，为了便于理解，可以把上文中艾米·卡迪的故事讲给他们听。

（2）确保孩子了解清楚明确的规则。

可以上网搜索相关图片给孩子看，让他明白什么样的动作才算坐姿端正，不能只说"坐直了"或"好好坐着"这么模糊的语言。要求不明确，孩子就会因为迷惑而无法采取行动。

（3）用孩子感兴趣的办法提醒，千万不要唠叨。

关于什么叫唠叨，曾经有人做过采访，孩子们异口同声地说只要自己不喜欢听的话，爸妈说一句就算唠叨。家长们知道什么是唠叨了吧？

唠叨孩子，不但会让他当作耳旁风，还有可能使孩子产生烦躁情绪，降低孩子的学习效率。暗号法，或者跟孩子一起设计一个彼此都认同的简单的动作，比语言要管用得多。

另外，孩子在参加具有挑战性的比赛和重大考试前，保持有力、挺拔开放的姿势也同样有益,比如坐直、适度抬起下巴、打开上臂等。条件允许的话,尽量走动一下。这些动作非常有助于他们调整状态,集中注意力投入比赛或考试。

保持高能量姿势这样一个简单的方法,就可以让孩子的学习效率更高,身姿更加挺拔,更热情、自信,在生活中也能减少懒散的情绪。

第三章

管理好情绪,别让负面情绪毁了孩子的学习

大脑的结构决定:不会调节情绪的孩子,学习效率低

玥玥今年上三年级,喜欢做手工娃娃,做娃娃的时候坐在那里心无旁骛,遇到多少困难都不气馁,但是轮到学习就是另一番景象了。到了该学习的时间,玥玥噘着嘴坐下来,用不了5分钟,身子就像蛇一样,在凳子上扭来扭去,遇到有难度的题目,就借机哭哭啼啼抗拒学习。她的爸妈对此束手无策。

对于情绪调节能力弱的孩子,在学习上,往往好言相劝无用,威逼吼骂无效。家长们疲惫不堪,无奈叹息:"现在的孩子到底怎么了,学习不认真,脾气却很大。说了也不听,全当耳旁风。"孩子上小学后,随着年级的升高,不少父母都有过这样的心路历程。

情绪管理能力对孩子的学习影响极大,实际上,要想学习效率高,情绪先要好。下面我们就来了解情绪是如何影响孩子学习的。

情绪是怎样影响记忆力的?

学习知识离不开记忆,记忆力的强弱在一定程度上决定了学习效率的高低,而情绪则是影响记忆力的重要因素。

消极情绪降低记忆能力,这是由人类大脑的结构决定的。

大脑分为上下两层——"理性脑"和"情绪脑"。两层大脑分工不同,每层的脑容量空间是有限的。

我们可以将大脑形象地想象成一座"二层小楼",下层是"情

绪脑",掌管情绪和记忆;上层是"理性脑",负责逻辑思考与决策。可以把下层大脑看作二层小楼中位于一楼的电影院、KTV等满足休闲的娱乐室,喜怒哀乐都在这里发生;上层大脑则更像是明亮的书房或图书室,思考、想象和规划等复杂的思维过程都在这里发生。

人类一出生,发达的"情绪脑"就包含海马回穹、杏仁核等区域,是情绪和自主神经系统的掌控中枢,主要掌管喜怒哀乐等情绪,以及由这些情感主导的记忆。

由于既掌管情绪又负责记忆的"情绪脑"空间有限,孩子学习的时候,如果积压着大量的压抑、愤怒、恐惧、焦虑等情绪,那么当淤积的负面情绪多了,能够记忆知识的区域就变少了。我们自己也会有类似体会,情绪不好的时候,就会思维停滞,记忆迟钝,想看书根本看不进去,即使勉强看了也记不住。哈佛大学著名脑神经科学家丹尼尔·西格尔把这种消极压抑、思维迟缓的状态叫"低模式进程"或"失控状态"。当人处在失控状态时,不但行为冲动,缺乏自省和共情能力,记忆力也大大下降。

另外,既然"情绪脑"主管由情感主导的记忆,那么我们就可以巧妙地**利用情绪提升记忆力**。比如对于"公元 618 年,隋炀帝被杀,隋朝灭亡"这个知识点,我们不用死记硬背,而是带有情感地记忆,我们只要设身处地想象一下,整日埋头享乐的隋炀帝,突然被李渊在晋阳起兵反隋,长安被攻克时,内心该多么震惊和不甘啊!如果换作我们,应该也是这样的感受吧!像这样,带有感情地融入历史情节中,大脑自然就会记住这个知识点了。再比如,在背诵李白的《赠汪伦》时,如果能够感同身受地想象一下自己与好朋友分别时依依不舍的感受,带着自己的感受背诵,记忆起来就能轻松牢固了。

"情绪脑"自身的机制决定了它会牢牢记住那些带有情感的信息。比起死记硬背,以上方法可以大大减轻记忆给大脑造成的负担。而且脑科学研究显示,只要是人为制造的学习情绪,而不是跟学习无关的消极情绪,即便是悲伤、恐惧等也是有助于记忆的。

消极情绪还能阻碍理性思考

除了记忆外,学习少不了逻辑分析与推理,学习成绩从某种意义上来说,取决于理性思考能力。

与下层大脑不同,上层大脑主要包括位于大脑前端的前额叶皮层部分,负责理性思考、分析、判断和决策等学习过程,主管语言表达、文字写作、逻辑推理、学习适应、抽象思考等。

上层大脑进化程度更高。它能够帮助孩子"三思而后行",让孩子在学习生活和交友等各个领域做出正确决策,更能够让孩子具备"推理举证,举一反三"的能力,使学习有效率,说话有条理。

只不过,下层大脑通往上层大脑的通道口有个"安全阀门",为了保护大脑其他区域不受伤害,下层大脑一旦产生载负过量的消极情绪,安全阀门就会自动关闭。通道关闭,信息被阻,就无法送达上层空间进行理性思考加工。通俗来说,当人处在负面情绪状态时,一层通往二层的"楼道"被迫关停;平和喜悦的时候,"楼道"则畅通无阻。所以,心平气和时,我们可以一边浏览文字,一边思考分析,甚至还能一目十行,过目不忘呢。这个时候我们的思维是清晰、理智而且充满反思意识的,科学家把这种状态叫作"高模式进程"或"可控状态"。在这种状态下,我们能够综合各方面情况进行灵活、理性的信息处理。

孩子也一样。擅长管理情绪的孩子和情绪管理能力弱的孩子,学习起来差距还是挺大的。

父母要做的是帮助孩子学会管理情绪,建立并加固联结上下层大脑的协同合作,让上层大脑尽力监视下层大脑的行为,帮助下层大脑平息强烈的反应和冲动。

 孩子的情绪管理能力可以培养

对于孩子来说,他们的身体里就好像同时存在一个小天使和一个小恶魔,眨眼工夫便可判若两人。当"情绪脑"工作、"理性脑"休息的时候,孩子就处于招人烦的"小恶魔模式";反过来,"理性脑"工作、"情绪脑"休息的时候,孩子就进入惹人爱的"小天使模式"。

我们都希望孩子能够控制情绪,乐观平和地学习,那样我们的养育困难就会少很多。但现实偏偏是孩子很难做到这一点,原因是"情绪脑"在孩子出生时就已经十分发达,一个刚出生的婴儿会哭会笑,而"理性脑"却要等到孩子二十几岁才能够完全发育成熟,是大脑最后才发育的部分。实际上,在孩子的成长过程中,这层"小楼"一直处在大规模"施工"状态,而且"施工进度"还存在个体差异,有的孩子"装修"进程快一点,有的孩子则进度慢一点。发育慢的孩子情绪控制能力自然更加弱一些。好在通过训练,每个孩子的情绪管理能力相比同阶段都能够获得提升。

孩子的第二层大脑尚未发育成熟,遇事缺乏理性且易冲动是常见和正常的。当孩子出现情绪波动的时候,家长千万要放平心态，不要唠叨或责骂孩子，尤其是在学习的时候。因为对于孩子来说，那只是成长过程中该有的因"发育不足"导致的"能力欠缺"。

最后，值得一提的是，孩子在学习中畏难偷懒，给自己找各种各样的借口，也并不能说明这个孩子就是个不爱学习的孩子。在大多数情况下，只是由于孩子情绪管理能力弱，无法很好地控制自己的感情，而陷入这种困境。家长和老师应该耐心等待孩子成长，同时要在这个过程中教给孩子情绪管理技能，帮助他们尽快摆脱困境。

儿童情绪管理训练的5个关键步骤，让孩子爱上学习

我们已经知道，消极情绪不仅影响孩子的身心发展，对学习的影响也很大，但具体怎么做才能帮助孩子做好情绪管理呢？

下面，我将与大家分享情绪管理的5个关键步骤。掌握这5个关键步骤并花时间对孩子进行训练，就会让孩子成为情绪管理小能手，从容面对生活与学习中的各种不如意。

 ### 情绪管理的5个关键步骤

现在给大家介绍人际关系领域杰出的心理学家、与罗杰斯和荣格齐名的心理学大师约翰·戈特曼的儿童情绪管理5步法。

第 1 步：觉察孩子的情绪；
第 2 步：把握让孩子成长的好机会；
第 3 步：倾听并认可孩子；
第 4 步：帮助孩子表达情绪；
第 5 步：划定界限，解决问题。

下面，我将以闺蜜的儿子程程的故事为例逐一介绍这 5 个步骤。因为闺蜜将儿子培养成情绪管理高手所用的方法，与约翰·戈特曼的情绪管理 5 步法不谋而合。

闺蜜和她的先生都是清华大学毕业的高才生，也许是遗传了爸爸妈妈的高智商，程程聪明活泼，无论学什么都很快，而且小小年纪就已经展现出了很强的逻辑分析能力，常常让大人惊喜不已。但是程程的情绪管理能力远不如智商那般高。一不顺心撒泼打滚是家常便饭，每次外公外婆轮番上阵，好话说尽，程程不但不消停，还越发起劲，躺在地上撒泼打滚不起来。两位老人虽然很疼爱小外孙，但是对他的"情绪小怪兽"非常无奈。转机出现在程程上小学。上小学后不久，闺蜜的工作单位搬家了，恰好就搬到了家附近。省去路上来回两小时的通勤时间，闺蜜就有了更多的时间陪伴儿子。尤其在程程的情绪管理能力培养上，闺蜜花了不少心思，费了一番功夫。程程现在小学四年级，情绪管理能力非常好，学习成绩突出，跟老师和同学的关系很融洽，在班里人气相当高，还被选为中队长。

闺蜜是怎么培养程程的情绪管理技能的呢？
（1）觉察孩子的情绪。

有一天下班回家，妈妈发现程程闷闷不乐，甚至无中生有地挑衅着3岁的妹妹糖糖。一会儿哭哭啼啼说："她从我身边走过去了！"一会儿怒不可遏吼："她看我了，不可以！"……程程把糖糖当成了发泄对象，即便妹妹并未做错什么。当闺蜜问程程为什么对妹妹这么生气时，程程把手中啃了一半的苹果一扔就大哭了起来。

闺蜜抱起程程走进卧室，等他平静下来后，顺手拿起放在床头的绘本问程程："妈妈给你读书好不好？"程程点点头依偎在妈妈的怀里。

听完绘本后，程程看起来就像换了个人一样，他跳下床蹦蹦跳跳地走出卧室，将自己心爱的水彩笔递到了妹妹的手里。

妈妈明白了，可爱随和的妹妹让性格敏感的程程产生了焦虑，他渴望自己在家中独一无二的地位，希望自己拥有爸爸妈妈独特的爱。正是搂着他读绘本这一行为满足了程程的需求。

情绪管理训练的第一步是像程程妈妈一样，觉察孩子的情绪。孩子如同大人一样，情绪背后是有原因的，尽管他们通常并不能准确地表达出来。当我们发现孩子莫名其妙或者因为某些在我们看来微不足道的事情发脾气时，这往往就是在提醒我们，孩子在生活或学习中遇到了问题。

要想帮助孩子提升情绪管理能力，首先要能敞开心扉仔细观察，破解他们隐藏在交流和日常行为当中的信息。

试想一下，一个一年级的孩子不会对你说："妈妈，我最近没有好好完成作业，是因为我手没力气，写字很慢，这让我充满挫败感。"三年级的孩子也不会跟你说："开学以来，学习任务比以前增加了,这让我感到无所适从。"但这些确实是正在阻碍孩子进步的实实在在的感受。

如果我们能体会到孩子的情绪——尽管有时候会让我们感到生气或者愤怒——就可以进行下一步了:把孩子情绪化的瞬间当作建立信任、提供指导的好机会。

(2)把握让孩子成长的好机会。

见识了闺蜜在程程一次次崩溃大哭时的从容平和后,我曾问过她怎么做到对孩子这么有耐心的。因为在讲座和咨询中,家长们提到最多的情况就是孩子出现负面情绪时,自己也跟着崩溃;甚至还有家长说,还没等孩子哭呢,自己先控制不住发火了。其实这也是人之常情,无论是职场妈妈还是全职妈妈,一天下来都不轻松,筋疲力尽时很难对孩子保持耐心。闺蜜说了一句让我至今印象深刻的话。记得她微微一笑说道:"我们希望孩子不犯错,不哭不闹没负面情绪,这是不对的,孩子跟大人一样需要在事上磨炼,在错误中成长。"

是呀,我们常说,"危机"就是危中有机。危机中蕴藏着机会。这个道理也适用于对孩子的教育。

孩子产生情绪时,无论是因为成绩不如意,还是把事情办砸了,抑或遭遇好朋友莫名其妙的疏远等,都是我们陪伴孩子,与他们建立亲密关系,教会他们如何处理情绪的好机会。

很多家长会尽力避免或者忽视孩子的消极情绪,认为消极情绪会自动消失。孩子的消极情绪不会自动消失,它会压抑在心中或者转移,从而换一种方式爆发出来。事实上,我一直认为,孩子的情绪能够爆发出来是好事,可怕的是孩子把情绪积压在心里,一点一点地积累,等到承受不住的时候,以生理或者心理问题表现出来,比如生病或者抑郁,既不利于学习,也不利于成长。孩子能够说出自己的感受,表达自己的情绪,感受到来自他人的理解和支持时,消极情绪才会逐渐消融。

对于家长来说,如果能够意识到孩子伤心、生气或害怕时,正是他最需要父母的时候,正是我们帮助孩子成长的好机会,而不是把这些负面情绪视为负担,那么家长内心就会轻松不少,也更有力量给予孩子耐心的指导,这会让孩子受益一生。

(3)倾听并认可孩子。

孩子在伤心、生气或恐惧时,也正是他最需要父母的时候。 当我们能够意识到这一点时,便可进行情绪管理训练的第三步了:倾听并认可孩子。这或许是最重要的一个步骤——设身处地去倾听孩子。

周日上午,糖糖坐在垫子上玩玩具,上小学的程程开始写作业。程程气愤地大喊:"这不公平!"

这个时候,很多父母会脱口而出:"怎么不公平了?等妹妹上了小学不是也得写作业嘛!"闺蜜却没这么做。以下是母子俩的对话。

程程:"我不想写作业。"

妈妈:"你不想写作业?你在心烦?"

程程:"嗯,我很烦。"

妈妈:"你在心烦什么呢?"

程程:"我不知道。"

妈妈:"有些事让你感到心烦,但你又不知道具体是什么事。"

程程:"是的。我很烦,我就是不想写作业。"

妈妈:"看得出来,你有点儿嫉妒妹妹,你希望像她一样不用写作业,这样你就可以有更多时间玩你心爱的奥特曼了。我想正是这一点让你感到不公平了,对吗?"

程程哭了起来:"是的,我很羡慕妹妹,我希望跟她一样不用学习。"

妈妈:"是这样啊,如果是我,应该也会感到忌妒。要是不用写作业就好了。"

听到妈妈这样说,程程哭声小了很多,过了一会儿,他自己擦干了眼泪。

妈妈的话让程程感受到了被理解。孩子一旦感受到大人的理解和接纳,很多时候,情绪自然也就消逝了。父母接下来的督促和教导,将更容易被接纳。

倾听的具体方法将在后面详细介绍。

(4)帮助孩子表达情绪。

在孩子的情绪管理训练过程中,有一个环节很简单,但是至关重要,这就是第四步:觉察到孩子有情绪时,帮助他们表达出来,这样能让他们明白"哦,原来我刚才的情绪就叫忌妒/愤怒/担忧啊"。时间长了,孩子对情绪的感知和识别就会越来越灵敏。

上面的例子中,妈妈及时地指出程程抵触作业的感受叫作"忌妒",相当于给情绪贴上了清晰的标签,帮助孩子将隐形的、含混不清的感觉变得明确、有界限感,让他逐渐意识到情绪的存在是生活中的一部分。愤怒、伤心、害怕和忌妒等情绪,爸爸妈妈会有,老师会有,朋友会有,每个人都会有,有情绪是正常的,并且完全有方法应对这些情绪。

为情绪贴标签离不开同理心，当看到孩子眉头紧皱，眼含泪水时，父母简单的一句："你感到很伤心，对吗？"不但可以让孩子明白自己的情绪，而且还能用恰当的词语来表达内心强烈的情绪。

教会孩子识别和疏通情绪，将产生不可估量的效果，有益于孩子的身心成长，还会培养孩子的情商优势：他们有着更好的专注力、更融洽的伙伴关系、更好的学习成绩，未来有更好的学术成就和更健康的生活方式，以及良好的身体状况。

所以，建议父母帮助孩子找到合适的词语，表达正在经历的感受，但并不需要教孩子如何感受，仅仅是帮助他识别情绪，建立自己关于情绪表达的词汇库即可。孩子越能精确地表达自己的感受，对情商和学业的提升越有利。

（5）划定界限，解决问题。

在花时间倾听了孩子的感受，帮他定义、理解了自己的情绪后，接下来就自然而然地进入第五步了：划定界限，解决问题。这是让孩子获得成长的关键环节。

回到程程和妈妈的对话。

程程擦干眼泪平静下来后，妈妈继续说："希望多一些时间玩，忌妒妹妹是没问题的，只是写作业也是我们应该做的事，你有什么解决办法吗？"

妈妈的这句话既让程程明白，自己的情绪没有问题，有问题的只是表达情绪的行为，又帮程程划清了责任界限：学习是自己的事。

经过前面妈妈的耐心引导，程程已经能够接受写作业这件事情了，于是他懂事地说道："我可以先写一会儿作业再去玩。"

"你都有哪些作业呢?"

"语文有两页的字帖需要写,数学需要预习'方位'一节,还有一个科学小制作。"

"那你想怎么分配时间呢?"

"我上午可以先预习数学,然后玩10分钟,再写语文作业。下午再制作飞机模型。"

妈妈这么问,既帮助程程明确了学习任务,又保证孩子能够清晰地迈出行动的第一步。紧接着,她陪着程程在本子上把具体的步骤以及下午开始的时间写了下来。

妈妈接着问道:"你需要我提醒你,还是自己计时?"

程程说他自己计时就可以了。

除了下午开始的时候妈妈提醒了一句外,整个过程都是由程程自己自觉计时完成的。最后一项作业完成时,看到程程满脸的自豪与轻松,闺蜜又不失时机地说道:"妈妈注意到你已经按照计划把作业一一完成了,你能自己规划学习了。"

程程听后,自信满满,开心地玩奥特曼去了,路过糖糖身边时还不忘蹲下来亲亲妹妹。

纵观全程,睿智的程程妈妈将解决问题这一过程分成了以下4个小步骤:

① 划定界限。

② 确认目标。

③ 引导孩子思考并制订可行的方案。

④ 跟踪执行,及时鼓励。

乍一看,也许会觉得这个过程很复杂,但其实整个过程一气呵成,简单易行。

日常生活中不如意十有八九,冲突一旦出现,孩子与之相应的感受就会存在。悲伤、忌妒、空虚、郁闷等情绪并不会因为我们说一句"好了好了,别哭了,没什么大不了的"或"你怎么这么爱哭"就消失不见,相反,这会让孩子对自己的真实感受产生自我怀疑,甚至丧失自尊心。

如果我们能够像程程妈妈那样,接纳孩子的情绪,让他用正确的方法表达情绪,然后跟他一起划定界限,明确目标,制订方案,不仅可以保护孩子的自尊心不受伤害,还会帮助他培养使自己从裹挟着的情绪中解脱出来,将精力聚焦在学习以及解决问题上的能力。

10个策略让情绪表达更高效:解决孩子学习情绪化难题

在日常生活中经常练习情绪管理5步法,孩子会掌握情绪管理这项让人受益一生的技能。然而,这并不意味着情绪管理能力的提升过程会一帆风顺,每个家庭都会不可避免地遇到一些阻碍。有时孩子输了比赛会哭泣,遇到难题会抵触,生气了会喊叫;有时孩子动不动就发脾气,不愿与家长商量,脾气大,还特别"玻璃心";有时会觉得孩子迷失在自己的世界,我们进不去,他们出不来,跟孩子说话,就像跟墙壁讲话一样,没有回应。

下面,我将提供情绪管理训练的10个简单好用的策略。如果你的孩子也存在上述情况,你会发现这些策略非常有帮助。

⭐ 制订明晰的规则

很多时候,孩子情绪混乱是因为缺乏明晰的规则。有些家庭,根本没有规则,如有的家长靠突然想起来的一个念头便不停提醒,不停催促,每天如此。如果能与孩子一起商量,制订清晰的流程,靠规则而非随机,将会大大减少亲子之间的冲突摩擦,降低彼此情绪失控的可能性。比如放学回家后制订明确的吃饭、学习和睡觉时间。

说起吃饭和学习的流程,你家孩子放学后到睡觉之前,学习时间是怎么安排的呢?有个小常识,早、中、晚饭前学习效果会比较好。很多家庭都是在吃完晚饭后才开始让孩子学习的。但其实吃饱饭后,血液会集中在胃部和肠道,从而导致脑部活动水平下降。相反,肚子饿的时候,胃会分泌一种刺激食欲的饥饿激素,这种饥饿激素随血液进入大脑后,可以提升大脑活动水平。所以在肚子饿的时候,记忆力较强,但前提是不能过度饥饿。

⭐ 采取应对措施

平时要经常与孩子沟通交流,在觉察到孩子有负面情绪时,要教会孩子一些积极应对压力或焦虑的措施。比如教孩子掌握简单冥想、深呼吸、听一些舒缓的音乐或去户外走走等放松技巧。

除此之外,与孩子来一场枕头大战也非常不错,既能愉悦心情,又能增进彼此的感情。

积极的心理暗示

有一次,几个孩子一起跳长绳,多人"8"字跳,我和球球爸爸站在两边负责摇绳,孩子们排队依次钻入绳中,跳一下再钻出,下一个孩子做同样的动作。如果每个孩子都顺利,他们的动作会组合为一个连贯的"8"字长龙,非常好看。不过,刚开始的时候,球球总也找不准节奏,到他那里就会断开。几次下来球球感到很挫败,产生了畏难情绪。我站在旁边捏了一把汗,以为他会放弃。

意外的是,我看到他先是顿了一下,然后果断跳到了上下摇摆着的绳子中间,跳了一下,麻溜儿地钻出去了,看来是找到感觉了。孩子们玩得越来越起劲,"8"字长龙越来越顺利。后来我又注意到,每次轮到球球的时候,他都会喊一声"嘿呦"。几圈轮流下来,他很自豪地跟我说:"妈妈,我在心里跟自己说'尽管跳',就敢跳了。每次跳的时候,我又说'嘿呦',就有胆量了。用这样的方法我才越跳越好。"

感受到压力时,积极的暗示语言对于稳定情绪、激发勇气是很有帮助的。

在孩子觉得家庭作业很难的时候,可以给孩子准备一些给自己鼓劲儿的话,比如:"我知道这对我来说很难,但我不会停止尝试。如果我努力了,仍然不会的话,我会寻求大人的帮助。""没什么大不了的,不做怎么知道会不会。"诸如此类。

在孩子生气发脾气时,也可以教孩子进行自我暗示:"我得去卧室独自待一会儿。"

借助绘本影片

让孩子读一些情绪管理的故事,看一些有关情绪管理的电影是不错的方法。绘本《杰瑞的冷静太空》《小火车头做到了》《输不起的莎莉》等,电影《头脑特工队》等都是很好的情绪管理示例。

《杰瑞的冷静太空》中的小主人公与妈妈一起在房间里建立了一个专门用来平息情绪的冷静角。

《小火车头做到了》中的主人公则反复说"我相信我能"这句话,来激发自己的勇气,表达决心。

《输不起的莎莉》中,莎莉通过深深地吸气呼气并且告诉自己,玩得开心就是赢,让自己坦然面对比赛输赢,获得了友谊。

《头脑特工队》的主角莱利的大脑里住着五个特工,他们是开心、悲伤、害怕、生气、讨厌,分别控制着莱利的五种情绪。通过这部电影让孩子知道,我们都有不同的情绪,而且情绪没有好坏,基于情绪做出的行为才有好坏之分。

提前设计动作

当孩子感到生气时,可以采用提前和爸爸妈妈协商好的动作来表达自己的情绪。比如紧握双拳,把双臂交叉在胸前并紧紧挤压;一遍又一遍地在心中默念提前设定好的"没关系""会过去"等简短有力的短语。只要稍微提前做好一些准备,即使问题局面出现,也可以在一定程度上平息孩子的情绪。

进行角色扮演

和孩子一起为已经发生过的失控局面设想应对措施,并进行角色扮演。

经历过令孩子失控的局面后,及时跟孩子一起设想:如果再遇到类似的局面时,可以采取哪些方法控制情绪,用哪些新的方法来代替以前的失控行为,让事情往好的方向发展。在这个过程中,只要孩子有进步,父母就应该及时鼓励孩子,这能够让孩子越做越好。

倾听认可孩子

当孩子在表达感受的时候,家长需要带着同理心耐心地倾听,让孩子知道,你在很认真地听他讲话,并且认可他的情绪。简单有效的倾听方法就是"复述",即重复听到的话语。

例如,在上述的内容中,糖糖在玩耍,程程需要做作业,这让程程内心充满忌妒,于是大声嚷道:"这不公平!"如果妈妈脱口而出:"这是公平的,等妹妹上了小学也需要写作业!"尽管这样的解释是基于事实,也符合这件事背后的逻辑,但是却忽略了程程此刻的感受。这时,除了对妹妹糖糖的忌妒外,程程或许还会因为妈妈不理解自己的处境而生气。

此时,父母只需要把自己观察到的情况简单回应给程程就可以了,如"你希望像妹妹一样不需要写作业,可以尽情地玩耍。我想正是这一点让你感到不公平"。

接纳、共情孩子

共情是与孩子建立连接的很好的工具。共情的方法有一个简单的公式:妈妈看得出来,你(孩子)感到_____(感觉词汇),是因为_____(孩子认为的原因),要是_____(孩子的愿望)就好了。比如,妈妈看得出来,你有些忌妒,是因为你想跟妹妹一样可以玩耍,而你需要先完成作业。要是不用写作业立刻去玩就好了。

接纳、认可孩子的情绪和骄纵不同。我们明白孩子希望不用写作业的想法,但不代表会同意他这么做。我们的目的是让孩子感受到被理解,但是不代表我们会支持他的行为。

分享自己曾经的经历和感受

这是表达理解,传达力量的法宝。想象一下,如果父母说:"我小时候看到妹妹在玩,我却要写作业,也很忌妒。"这会让哥哥觉得,自己的这种情绪是完全正常的,是能够被认可的,甚至连妈妈也有过这样的经历和感受。一旦感到自己被理解和接纳,他就不太可能抵触父母接下来的建议——"先写完作业再去玩"。

和孩子一起畅想

这种方法尤其适用在孩子表达没有可能实现的愿望时,比如孩子跟你说想买一套乐高,家里已经有了两套,于是你不想再给他买了。很多家长会说:"别想了,你已经有那么多乐高了,我不会再给你买的。"这反而会让孩子对乐高更加念念不忘。如果我们肯花一点时间，跟孩子一起幻想："我能理解你为什么渴望买乐高，你享受搭建乐高的过程，对吗？搭建成功让你很有成就感。"甚至我们还可以进一步幻想："想象一下，等搭建好了展示给你的好朋友们看，该有多棒啊！"等你这样说的时候，接下来的谈话中有没有乐高已经没有那么重要了，然后和孩子一起头脑风暴，想出一些既不用买新乐高又能达到目的的方法。这个过程最重要的是，让孩子知道你了解他的愿望，并认为他的需求是正当的。

这种方法能够让我们轻松地与孩子处于同一频道上，因为孩子真正需要的往往是来自周围的理解和支持，而不只是物质。

总之，见或者不见，情绪就在那里。当孩子出现负面情绪时，尽量不要忽视孩子的感受或者急着把孩子从情绪中转移出来，理解并接纳他，孩子就会允许我们进入他的世界，向我们诉说自己的感受，分享他们的观点。教给孩子情绪管理的方法并花时间训练，当生活中出现冲突时，孩子会很好地管理自己的情绪，会平和地与我们站在同一战线上解决问题。这不正是我们所期望的吗！

脾气越大，教育孩子的效果越差——5个技巧让家长"熄火"

父母是人不是神，当孩子的学习成绩没有达到期望时，难免会失望、生气。我们无须逼着自己无条件地压抑自己的情绪，也不应该这么做，孩子需要真实的父母而不是假装没有情绪的完美父母。

只不过,产生情绪是我们的本能,选择何种方式表达情绪却是我们的责任。因为家长的脾气越大,孩子的学习效果越差。

我们的教育目标是想把孩子培养成能自主学习,有创造力的人,做父母的都希望孩子能够理解自己的苦心,积极学习,少些对抗。而发火、愤怒带来的后果恰与我们的期待背道而驰。

经常暴怒责骂孩子,不但伤害我们自己的身体,还可能让孩子形成以下倾向:

① 懦弱自卑、敏感多疑、胆小怕事。
② 内向叛逆,和父母对抗,不愿沟通。
③ 习得坏脾气,抑郁暴躁,模仿父母的吼叫行为。
④ 放弃爱自己,自暴自弃,习惯撒谎,没有担当。

所以,允许自己有脾气,但在教育孩子之前应先控制好自己的情绪;不要动不动就发火,对孩子大吼大叫,甚至打骂,转身又心生悔意。

在这里,我将教大家管理情绪的方法,只要掌握 5 个技巧,我们陪伴孩子学习的过程将会心生从容,不再"鸡飞狗跳"。

(1)离开现场,让下层大脑冷静下来。

"已经提醒了三遍,女儿还是没有开始写作业,我实在忍无可忍,只能大声咆哮道:'立刻给我写作业,否则别想吃饭!'女儿打了个激灵,呆在书桌前。"

"儿子学习粗心大意,今天拿回数学测验卷,上面密密麻麻的叉号,至少有三道题目明明会做也照样做错,我狠狠地打了他的屁股,然后走出房间坐到沙发上消气。当时朝他大喊大叫,把他吓坏了。"

"我和老公轮番上阵,一道数学题讲了五遍,女儿好像被灌了迷魂汤似的怎么都不明白。我气疯了,把她训斥了一番:'你是傻吗,这么简单的题都想不明白?'"

这是家长们陪伴孩子学习的过程中,并不陌生的场面。它展现出我们被下层大脑控制时的场景,我们如此失控,以致对孩子说一些不该说的话,做一些不该做的事——我们很难容忍别人这么对待他。

当意识到自己正在被下层大脑控制,丧失理智的时候,我们应该怎么做才能及时止损,把对孩子的伤害降低到最小呢?

首先,让自己努力闭上嘴巴,避免说出令人后悔的话;把手背在身后,避免做出粗鲁的动作。什么都别做,就静止5秒钟。

其次,让自己深深地喘口气,告诉孩子你需要离开一下,以便让自己冷静下来。然后迈开腿,暂时离开现场,跳出当时的情景。尽管有时候这并不容易,但是我们需要拼尽全力保护孩子少受伤害。也可以在平和的时候提前跟孩子沟通:"妈妈生气的时候会先离开一会儿,等我们都平静下来后再一起解决问题。"

最后,做几次缓慢的深呼吸,或者跳跃几下,伸伸胳膊弯弯腰。总之,先照顾好自己的情绪,再来爱孩子。

(2)描述事实,让上层大脑理性思考。

经过上述操作后,下层大脑冷静下来,我们的意识开始由上层大脑接管。重新回到孩子身边,如果孩子也平静下来了,再向孩子描述事实。

描述的方法不难,假装从镜子里观察自己,自己当下是什么情况,直接用语言客观地说出来就行。比如:"看到你的卷子时,我的全身在发抖,真是气到不行。""我看到你做作业一会儿喝水,一会儿玩橡皮,内心非常生气。"

客观描述自己的现状,是让自己冷静思考的有效方法。因为上层大脑擅长用语言梳理思维,分析现状。"述说"是很好的放松方式。我们大都有过这样的经历:工作上的压力,回家跟爱人倾诉,说着说着,还没等爱人回应,压力已经消除了一大半;生活中的困惑,找朋友求助,聊着聊着,还没等朋友献计献策,自己就把自己说明白了。你看,用语言描述事实,更容易被"理性脑"接受和理解。所以,因为孩子而生气时,先不要描述孩子的情况,应该先描述自己的状况。通过客观描述,确认自己的状态,以防被怒气冲昏了头脑,说一些打击孩子学习积极性的话。

(3)追本溯源:感受即线索,找到问题根源。

愤怒、生气是被加工后的感情,并不是初始的感情。它们都是初始感情升温后的产物,背后的原始感情往往是悲伤、失望和焦虑等。

冷静下来后,我们先用语言表述的方法把初始感受表达出来,比如我们可以说:"我刚刚生气是因为最近几天孩子回家后经常不做作业,这让我感到很焦虑。"然后顺藤摸瓜,追问让自己焦虑的原因(未被满足的需求)。深挖下去找出真正激发情绪的深层原因,然后解决它。只有这样,才能彻底疏解负面情绪,不再复发。

彻底疏解情绪的路径: 被加工后的表面情绪(生气、愤怒)→原始情绪(悲伤、失望、焦虑等)→原因(未被满足的需求)→解决问题→疏解情绪。

有时候,这个过程需要重复几次,负面情绪才会得以被化解掉。

还是以孩子放学后不写作业为例。孩子不做作业,让父母感到焦虑的深层原因通常有以下三种:

第一种,担心他学习不好,考不上好大学,将来没有好工作,生活不幸福。

第二种,担心他不知道学习,没有上进心,将来一事无成。

第三种,担心他学习习惯不好,以后学习跟不上,成绩越来越差。

家长朋友们可以想想是不是如此,这个时候接着问自己:这是事实吗?真是这样吗?我内心的真正需求是什么?我需要做些什么才能够实现愿望?追问这几个问题后,我们就会抽丝剥茧发现真相。

真相一,我真正想要的是希望孩子有个幸福的人生。

一次没写作业就能让孩子没有了好人生?显然不是!

想让孩子有个好人生,我需要做什么?培养他有能力。

需要培养他哪些能力?自律、坚毅、合作……

培养孩子的这些能力我需要做些什么?投入当下能够行动的一小步。

真相二,我真正想要的是希望孩子有上进心。

打骂孩子能让他有上进心吗?显然不能!

培养孩子的上进心,我应该怎么做?投入当下能够行动的一小步。

真相三,我真正想要的是希望孩子拥有好的学习习惯。

吼叫孩子能让他拥有好习惯吗?显然不行!

培养孩子的好习惯,我做些什么能帮到他?投入当下能够行动的一小步。

按照这个方法,一定能找到引起焦虑的根源,然后通过不断学习摸索,找到应对策略,更加智慧地养育孩子。

其他情景也一样,从感受入手,不断跟自己对话,看到本质,内心就不会再那么容易焦虑了。

(4)人性本善:孩子并非故意跟我们作对。

决定情绪的是我们对孩子行为的解读,并不是孩子的行为本身。

比如,同样是孩子考了80分,如果你的反应是"这孩子就是没上进心,才考了80分",你会瞬间火冒三丈,"这孩子"在我们的心里就成了不争气的孩子;如果你想到的是"比上次进步了5分,孩子挺知道学的",这个时候你肯定是满眼藏不住的赞赏,"这孩子"在你心里秒变为上进的孩子。

很多时候,我们生气是因为潜意识里总是用消极的思维看待孩子的行为,比如"他就是在跟我作对""他就是故意搞砸的""这孩子就是不知道学习"。这样看待孩子的话,难免会把包含失望、生气、伤人的话像子弹一样"突突突"地射向年幼的孩子。解决办法就是有意识地正向相信"人之初,性本善",孩子就是美好本身,他并不是故意跟我"过不去"。

心理学大师约翰·戈特曼和其团队经过长达30年的跟踪研究证实:"孩子是天生向善向好的。"从出生开始,孩子的大脑就在寻找安全感、爱和认同,并不断好奇地探索着这个世界。他们想知道黑与白,善与恶,对与错;他们想知道什么对自己是危险的,什么又是安全的;他们想让自己变得越来越强大,他们想获取好成绩。总之，我们的孩子希望成为我们欣赏和爱的人。他们比我们更希望成为能够与我们肩并肩的战友，而不是面对面的敌人。

认识到这一点后，改变消极思维，会让父母们的焦躁情绪减少一大半。

(5) 书写记录：调节情绪，总结提升。

最后，给大家介绍一种简单、有效的情绪调节方法——写下来，或叫书写记录，也是我自己在陪伴孩子成长的过程中非常受益的一种简单方法。

在介绍这个方法之前，先讲一个相关的经历。

为庆祝元旦，球球的班里组织节目表演，班主任为了锻炼孩子们的自主性，决定采用自愿参加的原则。没想到全班同学都踊跃参加，球球也报名了。

他的节目是梁启超先生的《少年中国说》功夫操，一套非常积极有气势的动作。他很喜欢，我也很喜欢。那段时间，每天放学后我都会花费一个多小时陪着排练。两周后，我对他能够正常发挥，在舞台上一展少年风采蛮有信心的。

结果当我在班级群里看到老师分享的视频时，傻眼了。视频中，球球看起来非常紧张，站在舞台中央，磕磕绊绊总算完成了动作。但是既没体现积极也没看到气魄，动作软绵绵的。一瞬间，我呆坐在那里气不打一处来，失望与愤怒齐刷刷地涌上心头，无比沮丧地给先生发了一条短信："心疼地抱抱自己，当妈真不容易，付出了那么多，结果是这个样子。"

然后迷迷糊糊地拿起笔，铺开本子开始记录这件事的前前后后，写着写着，情绪渐渐平息下来，能够理性地站在球球的立场思考了。越写越平静，写完准备过程中的不足及今后的努力方向和提升策略后，我放下笔，站起身的刹那，负面情绪全部释放，内心充满了喜悦和安定。

最后值得一提的，也是现在想来依旧很受触动的是，当我在校门口接到放学后的球球时，明显看到他的小脸上写满自豪。还没等我开口，他就得意地问我："妈妈，你看到我的表演视频了吗？你觉得怎么样？"我未着急回答，反问他："看到了，你觉得自己表现得怎么样？"似乎他就在等着这一问了，蹦蹦跳跳地说道："我觉得自己敢于站上舞台就非常棒，虽然紧张，但还能坚持表演下来，这让我感觉自己挺厉害的。"听到他这么说，我更加庆幸自己用书写的方式让自己平静下来，而没有积攒情绪，待见面后兴师问罪。这让我深刻意识到，原来父母看问题的角度和标准有时候跟孩子的会有如此大的不同。所以先修复自己，别着急批评孩子。孩子能从参与中获得自信比什么都重要。

通过这件事是想告诉家长，"写下来"能够很好地帮助我们化解糟糕的情绪，理性地接纳和支持孩子。不需要什么文采或写作基础，只要会写字或打字，就可以使用这种方法获得疗愈的效果。

"写下来"的背后其实有科学的原理支撑，这一行为可以激活大脑皮层的语言区和书写区——上层大脑，使"理性脑"优先于"情绪脑"工作，帮助我们对遇到的问题有一个清晰、全面的理智认识。

《书写的疗愈力量》的作者詹姆斯·彭尼贝克教授是一位心理学家，他通过一系列研究发现，书写可以释放情绪，让人更加健康。他建议我们平时遇到困境，就拿出笔和纸，随心写下下面问题及回答的内容。

① 这件事为什么会发生?

② 事件的经过是什么样的?

③ 自己的看法和感受如何?

不需要刻意修改,不必在意语句是否通顺,想到什么就写什么。

同时,他还特别建议写出以下两点:

① 为什么会出现这种结果?

② 以后的努力方向和提升策略是什么?

书写即消融,表达即安宁。养娃不易,拿出纸笔或敲击键盘,疗愈我们自己吧!

让孩子主动学习的高效亲子沟通法,简单又管用

"看到孩子学习拖拉,成绩下滑,心里真着急,打也打了,骂也骂了,依旧没用。有什么办法让孩子把我们的话听到心里去?"一天早上,我收到一位爸爸的这样一条信息,内容充满了无奈。在孩子的教育上,他用尽了方法,孩子却一点儿也不听!

先来看以下场景,如果你是家长,会怎么办?

楠楠今年上初一,课程难度比小学大了很多,楠楠成绩下滑了不少,可他对此不但不着急,每天玩手机的时间还越来越长。就在楠楠爸爸给我发信息的前一天晚上,7:30晚饭过后,楠楠一屁股坐

在沙发上捧着手机玩起了 Roblox（一款近两年非常火的游戏）。一玩就是两小时，直到 9:30 楠楠仍旧盯着手机一动不动。父母心里十分恼火。

最后爸爸终于忍不住了，他看了看表怒气冲冲地说："整天只知道玩游戏，一点儿都不知道学习，太不懂事了。以后每天玩手机不允许超过一小时，到时间就把手机交给我，否则就要给你没收，从此你就别想再碰手机了！"

结果，楠楠并不在意爸爸的话，起身看了一眼回道："你自己也不学习，天天盯着我干什么？"说完拿起手机转身走到卧室"嘭"的一声关上了门，留下爸爸噎在原地怒火中烧却也无计可施。

他非常苦恼于儿子跟自己和妻子的话越来越少，作为父亲，他也越来越不知道该怎么跟孩子沟通，才能让孩子明白自己的良苦用心。尤其儿子上了六年级以后，父子俩虽说照旧几乎天天见面，但关系却越来越疏远，彼此之间像是熟悉的陌生人。他其实很想知道儿子心里到底在想什么。

孩子转眼长大，很多父母面临这种局面，常常感到困惑，到底怎么样才能跟孩子像朋友一样沟通呢？尤其在提到学习的时候，无论家长说什么，孩子的第一反应都是抵触。着急起来憋到心口疼，忍不住吼骂，结果可怜天下父母心，伤了感情，孩子一点儿没有改变。

本想着跟孩子"酒逢知己千杯少"地坦诚相待，现实是"话不投机半句多"导致孩子厌烦。其实父母最担心的是因为缺乏有效沟通而对孩子在外面的情况一无所知，害怕阅历尚浅的孩子万一走上歪门邪道自己都无能为力。

出现以上情况，是因为父母与孩子之间缺少了科学的沟通方法。

怎么跟孩子说，他才会主动学习？

让孩子主动学习的表达包含以下三个步骤：

① 描述你所看见的事实。

② 表达你的感受。

③ 提出具体的行动建议。

这样的沟通方式与我们惯用的直截了当相比，显得有点复杂，需要耗费更多的时间和耐心。但请一定相信：大多时候，慢即是快！当之前的方法用了千百遍都没有作用时，不妨换一种能让我们与孩子情意相通的方式，一切都是为了孩子的学习和健康成长。

首先，像录像机一样，描述观察到的客观事实。

印度哲学家克里希那穆提（J. Krishnamurti）曾经说："不带评价的观察是人类智力的最高形式。"什么是评价？评价是指带有个人主观色彩的判断，而事实则是眼睛所见、耳朵所听到的客观存在。

比如看到楠楠玩游戏不学习，爸爸心里自然着急。他对楠楠说的第一句话是："整天只知道玩游戏，一点都不知道学习，太不懂事了。"（这是爸爸的主观评价，而非客观事实。）听到爸爸这么说，楠楠的第一反应当然是防范和对抗，后面的话就一句都听不进去了。其实楠楠爸爸只要说出自己看到的事实就可以了，比如："晚饭后，从7:30到现在9:30，我注意到你一直在玩游戏，已经过去两个小时了。"

表 3-1 所示是爸爸不同的表达方式和楠楠对此产生的不同反应。

表 3-1 爸爸不同的表达方式和楠楠对此产生的不同反应

沟通双方	评价	事实
爸爸	整天只知道玩游戏,一点都不知道学习,太不懂事了	晚饭后,从 7:30 到现在 9:30,我看到你一直在玩游戏,已经过去两个小时了
楠楠	爸爸在指责我,我才不是这样的,很烦!我不听	抬头看看表,原来已经 9:30 了,爸爸说的是事实。还有作业没写,该学习了

当问题发生时,我们像录像机一样,将发生的事情客观描述出来就可以了,尽量不要带有偏见地评判。将事实和评价混为一谈,是使孩子对父母产生误解,进而滋生抵触和逆反心理的根源。孩子一旦对你关闭心灵的窗口,那么接下来说什么就都不会起作用了。

关于客观观察和主观评价,《语言是窗户(否则,它们是墙)》的作者鲁斯·贝本梅尔有一段诗最能够反映出二者的区别。他说:

我从未见过愚蠢的孩子,
我见过有的孩子有时做的事,
我不理解,
或不按我的吩咐做事情,
但他不是愚蠢的孩子。

请在你说他愚蠢之前，
想一想，他是个愚蠢的孩子，
还是他懂的事情与你不一样？

其中，"愚蠢"是主观评论，"孩子有时做的事我不理解""他懂的事情与你不一样"则是客观观察。

语言不但具有杀伤力，还具有时间累积效应。当我们习惯了用"不知道学习、不懂事、粗心、不负责任"等字眼随意评判孩子时，不但在当下会让孩子拒绝听取我们的建议，将来的某一天，他还会用这些语言反过来定义自己，伤害自己。他会真的不负责任，因为他认定自己就是这样的人；他会无法勇敢做自己，因为时刻担心别人的评价。

其次，仅仅向孩子表达自己的内心感受就好，而不要发泄情绪指责孩子。

情绪来源于感受，而感受的根源在于内心已被或未被满足的需求，因此，需求才是解决问题的起点，情绪只是线索。发泄情绪对于解决问题毫无用处，只会让事情越变越糟。

我们可以通过"我（感到）……因为我……"的表达句式来找到情绪与需求之间的关系。比如楠楠爸爸可以这样说："看到你已经玩了两个小时手机游戏了，我很担忧，因为爸爸不希望你学习成绩落后。"你看，爸爸的焦虑是看到孩子打游戏，希望楠楠能抓紧时间学习，避免成绩下滑，这就是解决问题的线索，如图3-1所示。

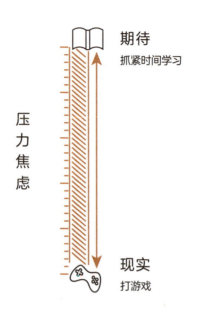

图 3-1 情绪与需求关系示意

一个人内心时常感到烦乱的最主要原因之一是习惯忽略自己的感受。所以我们在跟孩子沟通的过程中,最好有意识地使用一些感受词,给孩子示范如何表达感受。

可惜的是,在我们小时候,跟父母说腰疼,父母说小孩子哪有腰;我们说郁闷,父母又说小孩子哪来的多愁善感。就这样,由于社会文化的原因,我们开始羞于表达自己的感受,因此导致感受词汇储备相当匮乏。以下是有助于我们表达感受的词汇表。

(1)可以表达需求得到满足时感受的词语:

平和 兴奋 喜悦 欣喜 开心 感激 振奋 自信
乐观 感动 积极 高兴 愉悦 快乐 愉快 幸福

满足　欣慰　喜出望外　平静　自在　舒适放松　踏实
（2）可以表达需求没有得到满足时感受的词语：
心神不宁　心烦意乱　忧伤　沮丧　灰心　气馁　泄气
绝望　伤感　悲凉　悲伤　凄凉　害怕　担心　焦虑　忧虑
着急　紧张　愤怒　恼怒　烦恼　苦恼　生气　厌烦　悲观

最后，向孩子提出具体明确的行动建议。

高效沟通的第三步是提出清晰的行动建议。如果说前两步是与孩子建立连接的铺垫，那这一步就是让孩子采取行动做出改变的关键。

在这一步，我们需要用具体的语言确切地告诉孩子希望他做什么，尽量避免使用抽象的语言去表述。因为孩子的想法很简单，我们越能准确完整地说出建议，他们就越容易接纳建议并采取行动。说话越清晰越简短越好。千万不要跟孩子讲大道理，尤其是对男孩子来说，他们格外喜欢短、平、快的指令。另外，在沟通的过程中，一定要尊重孩子。

楠楠爸爸可以说："请你放下手机，拿出上周刚测验的数学卷开始改正错误的题目吧！"而不是含糊地说："放下手机，开始学习。"其中"放下""拿出"都是非常具体而又简单的行动指令。

以上3个步骤的沟通，既表达了父母对孩子的期望，又能帮助孩子迈出行动的一小步，这样孩子就知道该怎么做了。久而久之，他不但会养成主动学习的习惯，还会从父母身上学到平和沟通的方法。

简单来说，让孩子放下手机主动学习的**高效亲子沟通 = 描述客观事实 + 表达内心感受 + 提出行动建议。**

如果我们是楠楠的家长，在开头场景中，用这个公式就可以这样跟孩子沟通："晚饭后 7:30 到 9:30，我看到你一直在玩游戏，这让我感到担忧，因为爸爸不希望你学习成绩落后。现在请放下手机，拿出上周刚测验的数学卷开始改正做错的题目吧！"

后来，楠楠爸爸经过学习，改变了跟孩子沟通的方式。随着时间的推移，楠楠渐渐理解了爸爸的用心，玩游戏的时间越来越短，最后自己能够很好地控制玩游戏的时间，成绩也赶上来了。父子俩的关系越来越融洽。

如果我们能够用这种方法与孩子进行沟通，那么即便到了青春期，孩子也仍然会愿意听取父母的建议，从而收获融洽的亲子关系。

如果我们能够用这种方法与孩子沟通，那么新闻中很多因与父母闹情绪而采取了不当行为的事件便不会发生。

⭐ 关系好坏决定教育成败

心理学研究表明，父母与孩子之间的亲子关系将对孩子在学校的学业表现以及长期的发展产生深刻的影响。一个成年人身上表现出的几乎所有的问题，都可以从他的童年关系中找到答案。

良好关系是有效教育的前提，从某种程度上来说，关系好坏决定教育成败。在纠正孩子之前需要父母先通过描述客观事实，表达自己内心的感受，与孩子建立连接，否则你一开口，孩子就会产生防范和抵触情绪，立刻关闭大脑中从一层通往二层的"安全阀门"，后面无论你说什么，他都听不进去了。就算你磨破嘴皮子，他也全当耳旁风，更有甚者，像楠楠一样"嘭"地摔上门。

好沟通带来好关系，好关系带来好教育，好教育带来好成绩。

孩子的阅历和经验都有限,当下的成绩,未来的路,如果能汲取成年人的经验作为参考,那将会少走很多弯路。请耐心与孩子沟通吧!

如何让孩子克服紧张情绪,应对考试?

在考试或比赛时因为紧张而发挥失常的例子比比皆是,"要不是发挥失常,本来可以考上更好的大学。""要是高考时能正常发挥,我就可以学自己喜欢的专业了。"我们总能听到孩子这样说,不少父母自己就有这样的经历。

尽管如此,有些人却能在人生的关键时刻抓住机会,表现出色,获得理想的成绩和工作。究其原因,在于这类人很会调节紧张情绪,准备比赛或复习考试的过程中善于给自己打气,大大减少了因为压力过大造成的精力内耗,让自己能够全力以赴地投入备考。

但是,即便情绪管理能力较强的孩子,在遇到考试的时候,都难免会紧张,尤其是在小升初、中考、高考这些存在激烈竞争的时刻。所以父母要教会孩子科学准备,专注从容地面对人生中的无数次大大小小的"考试"。

摆脱"输了怎么办"的恐惧情绪,专心致志投入考试

先来描绘一个场景:我们在伸手不见五指的黑夜里走路,朝前看看,黑乎乎一片,心里会害怕;转头向后瞅瞅,两眼一抹黑,会

紧张。但是在光明敞亮的白天就不存在这种感觉。

其实这跟大脑的喜好有关，我们的大脑天生喜欢明确的、清晰又有把握的事物，对模糊的、未知的事物则充满恐惧。比如高考时紧张到夜不能寐，经历过一遍后，对高考有了明晰的认知，上了大学再回头来看，就会发现高考并没有当年想象得那么可怕。

由此可见，孩子的关注点决定了紧张程度。如果把关注点放在自己无法掌控的地方，比如"考试一定要取得好成绩"，就会感到紧张无助，因为我们能够掌控的不是取得好成绩而是把自己会的题目做对。如果把关注点放在自己能够掌控的事情上，比如"检验自己对知识的掌握情况"，就会平和专注，因为知识的掌握程度完全可以由自己说了算。所以，为了孩子能够取得好成绩，**家长们应该少强调成绩，多引导孩子关注学习过程。**

同时，如果孩子的考试目标是一定要考得比别人好，把同学当作对手而非盟友的话，内心就容易焦虑。山外有山，人外有人，别人考得怎么样根本不是自己能决定的事情。相反，有些孩子则把同学看作是"促进自己发挥实力的合作伙伴"，而不是"竞争对手"，他们内心就会产生无限动力。就像武侠小说中真正的武林高手一样，练就盖世武功的秘诀从来都不是专门战胜某些人，而是心中根本没有敌人——无敌胜有敌。从科学的角度解释，人天生就是群居动物，都有交友的需求，要想在考试或比赛的时候保持心态平和，秘诀就在于利用好这种本能的力量。所以，为了孩子能够获得好成绩，**家长们不要将自己的孩子与别人的孩子作比较，而应多关注孩子自身的优点。**

引导孩子把考试排名看作是检验自己实力水平的工具，培养孩子专注自我成长的观念，从而不断取得进步，变成更好的自己。正如那些在比赛中真正享受挑战，不断突破自己的运动员更容易获得冠军。获得好成绩只是在全神贯注投入比赛后，水到渠成的结果。

总之，把关注点放在自己能够把握的地方——这就是保证孩子发挥实力的秘诀。

- 少强调成绩，多鼓励过程；
- 与自己比，关注自身进步。

做到以上两点，孩子在考试或比赛时就会变得轻松或充满斗志，不会再拘泥于胜负的结果，摆脱"输了怎么办""不想输"的恐惧情绪，而把关注点放在"如何做得更好""如何取胜"的方法上，以及努力拼搏的过程中。

不跟孩子说"加油"，反而让他干劲儿十足

我周围有很多父母自己就是学霸，他们很少会在孩子准备考试的时候跟孩子说以下两类话。因为他们深有体会，这些话会消弱孩子的学习干劲儿。

（1）一类是"加油""你一定没问题"。

由于对孩子充满期待，在考试前父母常常会关爱地说"加油""考个好成绩回来""你一定没问题"……

这类话缺乏清晰的步骤，孩子在不知道具体应该怎么做到的时候，大脑就不会发挥功能，产生"好的，我一定要考个好成绩"的想法。相反还会因为太过笼统而本能地产生畏难和抗拒的情绪。上面提到过，大脑不喜欢模糊的东西。镜头回到我们小时候：早上背上书包出门时，父母会说"加油""考个好成绩回来"。听到这类话，你当时的内心对于考试更加笃定了吗？还是多了丝丝烦躁和不安？因为这

些话传达的信息空泛无力，会让我们更加害怕如果考不好，父母就会失望。所以此类话带来的往往不是干劲儿，而是压力，会让孩子在心里惴惴不安地怀疑自己："要是考砸了怎么办？""失败了怎么办？"

（2）另一类是"再坚持一两天，考试完了就可以放松了"。

"加油""考个好成绩回来"这样的话会让孩子分散专注力，削弱积极性和自信心，陷入焦虑紧张的状态。还有一类话也尽量不要说，譬如，"考试完了就可以好好玩了""考上好大学就不用再这么辛苦了"。这也是降低孩子对考试专注度的大敌，我们本是想宽慰、鼓励孩子，但是这样说恰恰会刺激孩子的大脑自动萌生出"快点结束吧"的期待意识，使干劲儿立刻松懈下来，无法聚焦在考试上。

那应该怎么做呢？

考试前，多跟孩子聊一些轻松的话题，少谈考试的事情，做好饮食起居的后勤保障工作，考试的事情就交给孩子自己，给予孩子充分的信任就是对孩子最好的支持。父母的信任更容易促使孩子产生"我一定要做好的"的信心和动力。

⭐ 以考试的心态做平时的练习，考试时才能正常发挥

我们的大脑除了喜欢"明确性"外，还喜欢"一致性"。遇到"不一样"时，大脑会本能地提高警惕，产生情绪波动。如果意识到考试环境与平时的学习环境不一样，大脑便会认定考试是一件很特别的事情，就容易产生紧张情绪。

为了让孩子平和、专注地应对考试，顺从大脑的这种特性可以参考以下两种办法。

(1) 以考试的心态做平时的练习。

无论是平时做练习,还是在课堂听课,都可以想象成在考试,这样可以训练自己在考试现场也保持心态平和。不需要每次都做到,让孩子时常有意识地"模拟"几次就能起到作用。

我们不要跟孩子强调平时学习是平时学习,考试是考试的意识。一旦孩子认为练习归练习,考试归考试,只要情况有变动,情绪自然而然地也会随之起伏,导致无法集中注意力答题。人生就是一场体验,哪一件事不是考试?哪一天不是考验呢?只要孩子有了这种意识,就会在生活中受益颇多。

这也是运动员们日常训练中经常使用的一种方法。著名的排球教练郎平就要求中国女排们把每天的训练当成比赛,她在训练中常常提醒女运动员们想象脚下的训练场就是赛场。郎平教练这样做正是利用了大脑追求"一致性"的本能。

(2) 考试前一天到考场熟悉考试环境。

就像我们当年高考一样,要提前查看考场,给大脑一个明确的预期,背后的原理也是顺应大脑的"一致性"本能。很多著名的演说家也会使用这一方法,为了保证演讲效果,在演讲开始之前,他们一定会到演讲现场进行模拟演练。

教会孩子3个消解压力的小技巧,为考试保驾护航

若能做到以上几点,孩子便会以平常心对待考试。曾经有一位中科院的博士生跟我说自己特别期待考试,因为他把每一次的考试都当作检验自己实力的机会,用考试结果了解自己对知识的熟练情况,考试后的查漏补缺也能帮助自己提升。所以他很享受这样的成

长过程。

但有的孩子因为心理素质偏弱一些,在考试时还是会不可避免地产生很大的压力,这也是人之常情。下面的3种简单有效的方法可以帮助孩子在考试现场快速缓解紧张情绪。

(1)专注呼吸。

专注呼吸是一种有效减压的韵律运动,做法极其简单,把注意力尽量放在自己的呼吸上,呼气时缓慢悠长,吸气时要收紧腹部。

(2)调整坐姿。

仅仅是挺胸抬头这个简单的动作,就能比弯腰驼背让人感到有自信。

(3)心理暗示。

这是运动员们常用的方法——通过自我暗示进行心理建设,默默地跟自己说"我能做到""我一定能行",可以大大增强信心,舒解压力。

最后值得一提的是,紧张和压力是人体在关键时刻保持专注,充分发挥技能的一种机制,它们本身并无坏处,但是,如果过度紧张,则会带来负面影响。前面所说的"紧张"和"压力"都是指超越了合适尺度的状态。

第四章

提升学习效率，摆脱光苦
学分不涨的困局

日夜苦学,孩子的成绩却提不上去的根本原因

前几天,我在咖啡馆见到了一位许久未见的朋友,朋友有两个孩子,儿子楠木在上小学,女儿新美已经上初中了。聊到女儿的学习,朋友感到很困惑。事情是这样的,新美上小学的时候,乖巧又懂事,学习态度很好,整个小学期间学习成绩都不错,人缘也好,很顺利地升入了一所不错的初中。成为初中生的新美依然热爱学习,人缘依然不错。但是,新美虽然比以前更努力了,每天学到半夜,成绩却一直处在下游水平。

介绍完两个孩子的学习情况后,朋友迷惑地说道:"不谈学习成绩,从其他方面来看女儿真是挺优秀的,性格好,也知道主动学习。但是一想到成绩就很犯愁了,要是考不上好高中,就很难上好大学。"停顿了一下,朋友继续说道:"真是想不明白,你说,为什么孩子每天那么努力,还是考不出好成绩呢?我现在很担心楠木也这样。"

看着朋友愁眉苦脸的样子,我先给她解释了在学习中成绩不理想的孩子的几种类型:第一种是"先甜后苦"型,就像新美一样,自己知道用功学习,刚开始成绩不错,随着年级的升高,学业加重,成绩下滑;第二种是"苦学无效"型,孩子知道努力学习,但是无论怎么努力,成绩仍然欠佳;第三种是"破罐破摔"型,就是孩子看起来并不愿意学习,甚至厌学、逃学。

然后我继续跟她说道:"无论是哪种情况,背后的原因无外乎

两种：一种是心理原因，孩子对学习没有信心；另一种是没有正确的学习方法，投入与收获不成正比。这两种原因都能导致孩子的学习效率很低。"

  学习与其他事情一样，既需要心法，又需要技法。有时候，心法甚至比技法还重要。

  对学习没有信心的孩子，他们看似在认真又刻苦地学习，但其实内心消极，好像内心有个声音不停地跟自己说着"我不行""我学不会""我肯定考不好"之类的打击性语言。就这样，他们虽然表面看起来很努力，实际却不断地怀疑否定自己。就好像一个孩子在前面拼命地向前推一辆自行车，身后站着一个庞然怪物使劲往后拉自行车。这类孩子最纠结，也最让人心疼。

  不讲究学习方法的孩子，学习效率就会很低。如果说学霸们的高效学习像是乘着火箭飞，那么不讲究学习方法的孩子则像努力蹬着自行车拼命追赶。这类孩子只要注意学习方法，就等于自行车换成了火箭，肯定会加入学霸的行列。

  朋友听得入了迷，连咖啡都忘了喝："你说，自信心对孩子的学习影响到底有多大呢？有什么办法能够帮助失去自信心的孩子？有什么好方法能帮孩子提升学习效率呢……"她倒珠子似的一连串问了五六个问题。

  于是，我喝了口咖啡，一个问题一个问题地给她解答，也就是本章接下来要说的内容。首先，我给朋友解释了第一个问题：自信心对孩子的学习到底有多大影响力？我是从我自己小时候观察到的现象讲起的。

为什么窗子打开,苍蝇却不再试图逃脱?

我小时候,很喜欢在夏天坐在教室里紧挨窗户的座位,双手托着腮观察飞来飞去的苍蝇。印象最深的是,有一天,我突然看到一只不知为何受到惊吓的苍蝇,可能因为感受到了危险,这只苍蝇先是在玻璃上胡乱地飞,胡乱地撞,它想飞出去逃命,但是在撞了无数次之后,耗尽了力气,虽是慌乱却不再如开始时那么用力地挣扎了。这时窗户打开了,但它仅是在空中飞旋,似乎认定飞不出去,完全没有了刚刚拼命的劲头。实际上,它只要再像之前那样向外冲一下子,就可以飞出窗外,飞到天蓝地阔、鸟语花香的环境里。

为什么面对敞开的窗户,苍蝇却放弃逃脱呢?因为之前已经撞了无数次玻璃,它已经认定无论怎么努力都无法逃脱了。

类似的情况还有,我们在马戏团里经常可以看到,大象既没有被铁链束缚,也没有被囚笼困住,仅用一根细绳就把它困在了木桩前。显然,只要大象愿意,它随时都能扯断那根细绳。然而它们始终被系在木桩旁,在绳子长度许可的范围内活动。

为什么大象不试图逃走呢?因为这些大象认定自己无法挣脱那根细绳。这些大象在很小的时候就被马戏团里的驯兽师用细绳拴住了前腿。那时,它们试图挣脱开,因为体型小、力气小,没有成功。后来虽然它们渐渐长大,但是内心已经形成了固定认知——绳子是无法挣脱的。于是它们放弃了挣扎,即使能够扯断绳子逃跑,它们也不会逃跑。

苍蝇放弃从打开的窗子里逃脱,大象会被细细的绳子拴住,都是有科学依据的。有"积极心理学之父"之称的美国心理学家马丁·塞利格曼曾经做过一组残忍的实验。

他把一只狗关在笼子里，笼子一边装有电击装置，另一边是安全区域，中间放有狗狗无法越过的隔板。

电击装置连接蜂音器，蜂音器响起，便给狗狗施以难受的电击，关在笼子里的狗狗为了免受痛苦，起初会上蹿下跳，想办法离开。但因为有隔板阻挡，它的逃离每次都失败。实验反复进行多次。

多次电击之后，实验人员把中间的隔板降低到狗狗完全可以跳跃到安全区域的高度，然后拉响蜂音器再次对狗狗施以电击。这次狗狗已经不再试图逃离，而是在受到电击之前就倒在地上不停地呻吟颤抖。

通过这一实验，塞利格曼发现了一个重要的心理学现象，那就是"习得性无助"。习得性无助是指人或动物在接连不断地受到挫折和失败后，便会有一种自己对一切都无能为力的挫败感，从而丧失自信心，长期陷入一种无助绝望的心理状态。

明明能学好，失去信心的孩子却被"学习"绊住了

当孩子在学习或生活中感觉到努力和结果毫无关联时，就会像塞利格曼实验中的狗狗一样产生"习得性无助"，失去掌控感，进而放弃努力。虽然表面看起来很努力，其实这类孩子内心充满无力感，丧失自信心阻碍着他们的进步。

为了不让孩子像实验中的狗狗一样充满无力感，成年人应该做的是，让孩子体验到努力和结果是紧密联系在一起的。家长应给孩子树立"只要努力，就会有好结果"的信念。

所以，当发现孩子对学习产生挫败感的时候，我们应该引导孩

子关注努力的方式,比如可以这样询问孩子:"是不是学习方式不对呢?"借此来引导孩子关注并改善学习方法,以便激发自信心,取得之后的进步。

孩子考试失败时,也极易产生无力感,这时家长应该引导孩子分析失败的原因,跟他们一起找到提升的方法。孩子考试失败后,父母的应对方式会对孩子的自信心产生很大影响。第七章将会详细介绍帮助孩子提升自信心的方法。

不过,我先告诉了朋友两句容易打击孩子自信心的话,因为这两句是在孩子考试后,家长很容易脱口而出的话。

● 第一句话是"为什么这么简单的题目都做不对呢?太不应该了!"这句话中的"为什么"指向的是过去已经发生的事情,孩子已没办法改变,会让孩子产生无力感。

● 第二句话是"跟你说过要好好学习,你不听,这下考砸了吧!"其中,"好好学习"太过笼统抽象,孩子无法将自己能够掌控的努力程度跟好好学习联系起来,不清楚怎么才算好好学习,这也会让孩子产生无力感。

想要提升学习效率,先帮孩子建立"只要学就能行"的信念

"我能考好吗?""我应该考不好吧?"等自我怀疑和自我否定的心理状态,成为阻碍孩子学习的头号"敌人"。一旦出现这种心理状态,孩子的学习就会变得相当困难和低效:先是抵触某个学科或者某个知识点,然后畏难情绪导致他们不愿意学习。如果勉强努力后没有取得预期的成绩,则会渐渐丧失学习的动力,最终干脆放

弃学习。这时候孩子进入了习得性无助的心理状态。

这就是学习不好的孩子越发厌学、逃学，甚至彻底放弃学习的根本原因，也是即便孩子日夜坐在那里苦学也仍然学不好的心理原因。

回想我们的求学经历，是不是自己也有弱势学科或者某一学科存在薄弱环节，这个时候你有没有过这样的感受："我肯定不行，算了，我不可能学会。"

我见过一些学生，特别是女同学，听老师或者家长说女孩子学好数学很难，内心就产生了畏惧心理，转而放弃理科而选择了文科专业。其实，无论数学还是物理，都跟性别无关，只要有信心且注意学习方法，就一定可以学好，可惜的是很多学生却连尝试都不敢。

无论是父母还是老师，首先警惕不要让孩子对学习产生"无力感"，然后要帮助孩子养成"只要做就能成""只要学，就能学好"的信念。如果发现孩子对某一科目出现了畏难情绪，就要马上介入，不要让这个科目成为挡住孩子飞向更广阔天地的那块"玻璃"或拴住孩子的那根"细绳"。

帮孩子建立"只要学就能行"的信念，跳出苦学无效陷阱

朋友问的第二个问题是：孩子对学习失去信心，父母应该怎么办？

作为家长，我们像新美妈妈一样期盼孩子能够在学习的路上自信向前，将来成长为一个自信阳光的人，父母也都想要朝着这个方向培养孩子，做他们坚实的后盾。

我们不希望孩子内心像是住了一只无形的"拦路虎"一样持续地自我怀疑和否定，以致阻碍学习。而且对于这只"拦路虎"，孩子自己很难觉知到。想想我们自己，是不是遇到过那种无论做什么都唯唯诺诺的人，也遇到过那种阳光自信，似乎没有什么事能够难倒他们的人？对于前者，如果他们自己不保持觉察，或者别人不提醒，是很难发现内心的"拦路虎"的，他们只是困惑于为什么自己做什么事都总是失败，羡慕那些似乎做什么事都容易成功的人。成年人都如此，何况孩子呢。

罗马不是一天建成的，孩子对学习的自信也不是一天失去的。对于那些对学习仍然保持自信的孩子，父母需要关注和强化孩子的自信；而对于那些没有学习自信的孩子，父母则要帮助孩子重建自信心。

为了帮助孩子树立自信，我们应该先了解孩子的学习自信从哪里来，然后再使用正确的方法帮助孩子建立自信或强化自信。

孩子的学习自信从哪里来？

自信，也就是我们所说的发自内心的自我肯定与相信，它分为两部分：一部分是自我肯定，就是能够欣赏自己；另一部分是自我相信，就是相信自己一定能学好或一定能做好。心理学术语分别把它们称为"自我肯定感"和"自我效力感"。这是自信心的两个来源。

对孩子来说，父母的态度是他们自我肯定感形成的主要影响因素。父母经常向孩子表达"无论考试成绩怎么样，我们都爱你""我们爱你跟你学习成绩好不好没有关系"之类的话语，孩子的自我肯定感就强。放学后先问问孩子："今天在学校过得开心吗？"这样会让孩子明白在爸爸妈妈心里，他们在意的是我这个人而不是只有学习成绩，他的内心就会具有稳妥的安全感。自我肯定感随着安全感的增强而增强。如果父母不能表达对孩子的爱，或放学后第一句话便是"今天学得怎么样？考得怎么样"之类的话，孩子就会产生强烈的不安情绪，他们会想"如果我学不好，考不好的话，爸爸妈妈是不是就不喜欢我了……"，处在这种焦虑中的孩子，很难建立自我肯定感。

另外，自我效力感强的孩子在学习上遇到困难时，会迎难而上不退缩，即便失败了也有信心再来一次，直到取得胜利。他们具有坚持不懈的精神。由此可见，自我效力感也是一种很强的内在支撑。

⭐ 建立自信的方法：培养孩子的自我效力感

培养孩子自我效力感的方法主要有两种：
- 获得成功体验
- 自我心理暗示

其中，获得成功体验是提升孩子自我效力感最有效的方法。有了把事情做成功的体验后，孩子就会认为"我能学好""我能做成""下次也依然能做成"，而且这种自信是会迁移的。也就是说，孩子在运动中获得的自信，可以帮助他在学习上也感到自信；

同样,在学习上获得的自信,也可以帮助他在其他事情上做得更好。所以,学习优秀的孩子在其他方面大多也会做得不错。优秀是一种习惯,根源就在于此。

但是要特别注意一点,做严重低于孩子当前能力水平的事情,一点挑战性都没有就可以取得的成功是无法帮助孩子建立自信的。

为了让孩子在比较难的事情上获得成功,我们可以教他采用"微习惯"法。也就是说,在孩子遇到困难的事情时,我们要教会孩子如何将这件事情拆解,设置成一个个"小台阶",一步一步地完成。就像爬楼梯一样,一开始门槛要低,通过难度递增的方法不断挑战,孩子就可以了解自己的极限了。通过这个过程,家长也可以更精准地把握孩子的能力情况。

新美的妈妈回家就用微习惯法让女儿在数学学习上获得了成功体验,树立了信心。

> 那天我们分别后,朋友回到家时,新美也正好到家了,她发现女儿愁眉苦脸的。朋友问新美是不是遇到了什么事了,需不需要帮忙。新美一边放书包,一边有气无力地道:"妈妈,你帮不上忙的。快期中考试了,今天数学老师发了两张练习卷让我们放学回家做完,明天上课要讲。应用题就有十多道,还有选择题、填空题……好难啊,我感觉自己做不完。要是做不完该怎么办呢?"
>
> 听到女儿这么说,如果在以前,朋友会觉得既心疼孩子又无能为力,只能安慰孩子:"现在就开始做,肯定能做完,实在做不完,妈妈明天早上早点叫你起床做。"新美听后通常还是没有信心,走进自己的房间关上门不再说话。今天朋友不一样了,她听到女儿抱怨数学题又多又难时,不但能够理解孩子的畏难情绪,还有

了帮助女儿的办法。妈妈陪新美一起坐下来,等她拿出卷子放在桌子上后,妈妈拿起卷子看了看正反面,然后放下了。

妈妈:"真是不少呢,一共50道题,应用题就有12道,还有20道选择题、18道填空题……"

新美:"嗯,真不明白老师为什么布置这么多作业,他不知道根本做不完吗!"

妈妈:"要是我,我也会担心自己做不完。"

新美没有说话,表情放松了些。

妈妈接着说:"现在你想先休息一会儿,还是先做卷子?"

新美:"赶紧做吧,要不更做不完了。"

妈妈:"现在是5:30,距离咱们平时吃晚饭的时间还有一小时。我们先试试30分钟能不能做完选择题好不好?"

听到只需要做选择题,新美点了点头,抬头看着妈妈:"只做选择题一个小时没问题啊,我现在就做。"

新美开始做题,妈妈起身到厨房准备晚餐去了。结果不到30分钟,就看到新美笑嘻嘻地走进厨房对妈妈说:"妈妈,选择题做完了,原来根本用不了30分钟呀。"

妈妈:"是呀,30分钟都没用上,比预想得快了很多。休息一会儿,等爸爸和弟弟回来咱们就吃饭吧,吃完饭你想先做填空题还是应用题?"

新美:"我不累,再去做会儿练习卷,看看爸爸他们回来之前能不能把填空题也做完。"

爸爸和弟弟到家的时候,新美还有3道填空题没做完,但是她已经完全进入学习状态了,一直等到她把剩下的3道填空题也做完后,一家人才坐下来吃饭。吃饭的时候,新美和弟弟你一言我一语地说着在学校里的趣事。晚饭后陪弟弟玩了一会儿,新美走到书桌前坐下来继续完成练习卷。

妈妈走到她身边:"12道应用题真是不少,可不可以分成三部分来做?做完4道就休息5分钟,然后再做下一部分怎么样?"

新美点点头采用了妈妈的建议。那天晚上,不到9:30新美就把数学卷完成了,并且字迹也很认真。

新美:"妈妈,我都完成了,原来并没有想象的那么难啊。而且我发现,我的数学也并不是那么差的。"

看着女儿快乐的模样,朋友欣慰地舒了一口气。后来她又把同样的做法用在了儿子楠木的学习培养上。

提升自我效力感的第二种方法叫心理暗示法。前面提到过,这也是运动员们经常采用的方法。教会孩子们通过自我暗示法给自己鼓劲儿,将会使他拥有无穷的力量战胜学习上遇到的一次又一次的困难。具体做法非常简单,就是不断地跟自己对话:"我一定能行!"说的时候还可以握紧拳头,这也有助于增长信心。比如新美感到数学作业难以完成又不得不做时,就可以握紧拳头对自己说:"新美,你一定能做完的。"这会给她很大的力量和信心。

相信自己能行的心理暗示作用是非常强大的。

英国著名的心理学家哈德飞曾经做过这样一组实验:他请来了3个人,并告诉他们在任何情况下都要尽全力抓紧握力计。

第一次实验开始了。在正常的清醒状态下,3个人的平均握力是101磅[1]。第二次实验是在将他们催眠后,告诉他们说他们十分

1　1磅 ≈ 0.45 千克。

虚弱。结果显示，他们的平均握力只有 29 磅——还不到正常力量的三分之一。接下来，哈德飞又让他们做了第三次实验：在催眠之后，告诉他们说他们非常强壮。结果显示，他们的平均握力达到了 142 磅。

当他们很肯定地认为自己有力量之后，他们的力量几乎比平均值增加了 50%，这就是令人难以置信的心理暗示的力量。

1983 年，有一位世界著名击剑运动员，在得知自己在即将举行的比赛中会遇到一位曾经两次击败过自己的古巴选手后，变得极度缺乏自信心。心理学家反复给他播放一段讲话，讲话的内容是在未来的比赛中，他能战胜古巴选手的原因。他连续听了几十次，越听越觉得有道理，便摆脱了消极的情绪，在比赛中战胜了对手，夺得了冠军。

积极的心理暗示可以让人绝处逢生，消极的心理暗示可以让人功败垂成。俗话说，世界上没有绝望的处境，只有对处境绝望的人。

依靠暗示效应，就可以把自己暗示成一个"行"的人。不断地对自己进行积极的心理暗示，会让孩子对学习充满自信。

每个人都会有这样的经历：早晨醒来的那一刻，如果对自己暗示说"我很困，我还需要再睡一会儿"，那么就会感觉非常疲惫并且不想起床。相反，尽管非常困，却对自己暗示说"我还年轻，睡五小时也没问题的，我今天会精力充沛的"，那么往往可以打起精神起床，而这一天也真的会精力充沛。很神奇是不是？这就是不同的自我暗示带来的截然不同的效果。

⭐ 提高自信的技巧：记录孩子的进步并呈现出来

微习惯法帮新美建立了对数学学习的自信心，除此之外，在姐弟俩的学习中，新美妈妈还采用了另一种方法——学习自信树，这种方法让两个孩子对学习充满了自信。新美妈妈的做法是：

第一步，跟新美一起在一张 A1 纸上画了一棵树，这棵树没有叶子，只有树根、树干和树枝。

第二步，为弟弟也准备一张纸，用同样的方法画一棵树。他们给树起名为"学习自信树"，并分别贴在了墙上。

第三步，妈妈准备了背面带黏性的便利签和笔放在了学习自信树旁便于取用。

第四步，每天妈妈把观察到的姐弟俩取得进步的地方分别写在两张便利签上，然后再分别贴到两个孩子的"学习自信树"上。

不局限于学习，生活中的进步也算，哪怕很小的进步也可以写。过了几天，爸爸也加入进来了。一张张写着文字的便利签被贴到树上变成了叶子，那是爸爸妈妈爱的鼓励。随着自信树越来越枝繁叶茂，新美和弟弟也越来越自信快乐。

由于看不到自身进步而放弃是成年人在做一件事时无法坚持到最后的很重要的原因。对于孩子，能够看到自身进步对他们的成长同样重要。所以，希望父母们都能做个有心人，跟孩子一起制作一棵充满爱的自信树，发现孩子做得好的地方，写下来，贴上去，用自信树的方式把孩子的成长记录下来并让他看到。生活和学习中的方方面面的微小进步都可以写下来，因为自信可以迁移。注意，在写的时候，多用描述性句子，看到什么就可以写下什么。

孩子犯错时，接纳他；孩子做好时，塑造他。当孩子有进步的时候，正是激发其自信心的好时机，父母和老师要善于抓住时机帮助孩子增强自信心。

选错练习题目，再怎么刷题都无法提高成绩

朋友那天问的第三个问题是：怎么给孩子选择练习题比较合适？

我理解她的意思，朋友和她先生均毕业于哥伦比亚大学，博士毕业后做了两年博士后，然后回国工作，夫妻二人都是靠读书一步步走到今天的，自然很注重两个孩子的教育。从新美幼儿园大班开始，朋友就开始在家教新美，新美上四年级的时候，朋友已经教了她很多有难度的数学题了，有些难度甚至都已经超过了奥数题。在当时，班里的很多孩子的家长对此羡慕不已，并以朋友作为榜样。本以为新美在数学学习上应该没什么问题，可事实完全相反，新美在考试中遇到类似的问题时，常常无从下手。朋友问新美为什么不会，孩子沮丧地说道："妈妈，你教的方法我都忘了……"

那天，回忆起过去的这段经历，朋友说："当时我和孩子爸爸可真是花了大量的时间和精力去教新美，她看起来也学会了，可一转眼就跟没学过一样……你说，这会不会打击她的自信心？"

 父母的好心期待，孩子的致命伤害

不少孩子都有跟新美差不多的经历，被父母要求练习一些难度

与实际水平相差很大的练习题。这跟父母错误的教育认知有关,很多家长像新美妈妈一样认为,孩子学了难题,再做一般的题目时,获得好成绩不就是轻而易举的事了嘛。实际上,家长不知道的是,让孩子挑战远超他能力范围的练习题,不但无法帮助孩子提升,反而会给他造成错觉:"无论我怎么努力也还是学不好!""原来努力根本没有用!"久而久之,孩子就会像马丁·塞利格曼实验中的狗狗一样,放弃努力,对学习失去信心和动力,慢慢开始讨厌学习,患上厌学症,甚至对生活也失去信心。

一个经常被难度过大的练习题打击的孩子,哪怕他坐在那里看起来在学习,内心也会充满抵触情绪,这会非常影响孩子的学习效率。

什么样的题目才能真正让孩子获得提升?

适度的压力会促进孩子提升,但是压力过大也会起反作用。那到底应该让孩子做何种难度的练习题才有利呢?

美国密歇根商学院教授,"有效教学循环"理念践行者诺尔·迪奇(Noel M. Tichy)创立了"三区学习理论",该理论指出,不同难度的知识和技能的学习给孩子带来的压力不同,根据压力强度的大小,他将学习分为三个区域:"舒适区""学习区""恐慌区"。

最内层"舒适区"是指过于简单的练习,在这个区域里,孩子针对已经熟练掌握的各种题目进行练习。比如,三年级的孩子做一二年级的练习,没有任何压力,也不会有什么提高。所以,很多孩子看似一直在勤奋地做练习,但成绩没有提高,时间长了,甚至还会感到无聊、被动。

最外层"恐慌区"是指习题难度超出孩子能力或理解范围很多的内容,比如一年级的孩子,逻辑推理能力根本还未发展成熟,就教他做三年级的奥数推理题。比待在"舒适区"更可怕的是,由于内容难度过大,孩子很难理解,容易产生屡战屡败的失败体验,从而产生深深的挫败感,甚至自暴自弃。即使勉强听懂了,也只是揠苗助长。就像新美一样,看起来理解了,但很快就会忘掉。

中间的"学习区"是指在老师和家长的讲解或答案分析等外部帮助下,孩子可以顺利完成。孩子做这样的习题,压力适中,在练习的过程中不但能够复习知识,还能锻炼解题能力。

学习区练习题的难度标准是什么呢?《刻意练习》中给出了答案,85%的旧知识+15%的新知识即为孩子的学习区。依照这个原则让孩子做练习题,既能培养孩子的学习动力,又能激发他全身心投入学习、挑战难题的欲望。能够全身心投入的孩子,学习效率自然会大大提升。美国亚利桑那大学学者罗伯特·C. 威尔逊(Robert C. Wilson)及其他三位研究人员经过研究后将这项原则称为"最优学习的85%规则"。这也是那些学习好的孩子越学越爱学,学得还轻松的秘诀。

为孩子选择练习册的要点

在这三个区域中,处在"舒适区"和"恐慌区"的孩子都会厌恶学习,两种区域的题目都会损害孩子的学习兴趣和自信心,只有"学习区"的孩子才会享受且高效地学习。所以,家长在给孩子选择习题时,首先需要注意难度,按照85%高效学习原则,稍高于孩子当下水平即可。让他们感受到适当的压力,但垫垫脚又能够得着,努力一下就可以完成的题目,才是最适合孩子的。

常常让孩子做一些超纲题目或者上一些超出现阶段认知水平和能力范围的课程,就容易把孩子推到"恐慌区"。

同理,给孩子挑选练习册的关键,就是帮助孩子离开学习的"舒适区"和超水平的"恐慌区",进入"学习区"。

另外,除了内容难度外,在给孩子选择练习册的时候,有三点建议供家长朋友们参考。

(1)尽量给孩子选择带有出题依据以及参考答案讲解的练习册,尽量不要选择那种只写出了最终答案的练习册。出题依据和参考答案有助于孩子找到自己的知识薄弱点。

(2)孩子适合图文结合的练习册。因为图像不仅可以帮助孩子加深对内容的理解,还有助于记忆。

(3)选择有清晰标题的练习参考书,这样可以帮助孩子通过标题中的关键词加深对所学内容的理解,也有利于孩子回忆和应用相关知识点。

一个惊人秘籍,让普通家庭养出遥遥领先的学霸

有一天,我到朋友家做客,她的儿子楠木打完招呼后便进了

房间写作业。每隔几分钟，朋友就不放心地朝着屋里喊："楠木，好好写作业啊，可别只想着玩手机。""楠木，作业写得怎么样了？"……喊了几次，她终于坐不住了，走进楠木的房间，一边翻作业一边说道："这么长时间还没写完吗？你的心在作业上面吗？写个作业这么拖拉能学好吗？"

从楠木房间出来后，朋友抱怨道："太不让人省心了，天天写作业得催着。"我跟朋友说，其实我们平时说的话能够对孩子的学习产生很大的影响。朋友眼神中充满惊讶："啊，真的吗？"

有的父母，在孩子没考好时会说："真笨，这么简单的题都能做错了。"孩子考好了，他们会说："真棒，我早就跟你说要好好学习了，怎么样？听我的话就能考好吧！"你有没有经历过或者见过这样的情景？父母的初衷是希望孩子继续努力，取得好成绩。但殊不知，这些本想鞭策孩子的话语正是让他在学习上无法取得进步的罪魁祸首。

期待效应：成人嘴上说的，决定孩子的成绩

美国著名心理学家罗森塔尔和L.雅各布森曾经精心设计过这样一项试验：他们从一所小学的一至六年级中各选了3个班，对这18个班的学生进行了"未来发展趋势测验"。

两位心理学家以赞许的口吻将一份"最有发展前途者"的名单交给了校长和相关老师，并叮嘱他们务必要保密，以免影响试验的准确性。

8个月后,他们回到学校,对那18个班级的学生进行复试,结果奇迹出现了:凡是名单上的学生,个个成绩都有了显著的进步,而且性格变得更加活泼开朗,对学习表现出了满满的自信,与老师和同学的关系也特别融洽。

并不是罗森塔尔和L.雅各布森真的有如此高明的读人之术,而是因为老师们受到试验者的暗示,不仅对名单上的学生抱有更高的期望,而且通过眼神、笑容、语言、音调等各种有意无意的方式,向这些学生们传达了这样一些充满期待的信息:"你很优秀!""你一定能行!"

这些学生在老师们的美好期待中,不知不觉变得乐观、坚毅、自信,学业成绩以及社会行为也朝着老师们期望的方向发展,就这样期待终成现实。

学术界将这项试验称为"罗森塔尔效应"或"期待效应"。试验结果一经发布,就在教育界引起了轰动和广泛关注,众多教育者感叹:"终于知道了语言对孩子到底有多么大的威力。"

我们从心底真正相信孩子会越来越好,也会在不知不觉中传达给孩子这种信念,孩子感受到成年人的欣赏和信任,就真的会变得越来越优秀,内心越来越有力量。

球球在一年级的时候,字写得很潦草,这不但影响了他的作业速度,还导致他对语文学习越来越缺乏兴趣。幸运的是,球球的语文老师,也就是前面提到过的班主任任老师,是一位非常懂孩子、有方法的老师,她经常给予孩子们鼓励,包括球球。在老师的鼓励下,球球的字写得越来越好,有了成功体验后,他对语文学习越来

越自信。这就是孩子爱上一门学科最好的模样吧,其根源正是因为遇到了一位"罗森塔尔式"的好老师!

在家里,我也会配合老师鼓励球球坚持练习字帖。

有一次,球球放学回家后神情落寞,但还是按照惯例练习了一页字帖。写完后,他问我:"妈妈,你觉得我写得怎么样?"我笑着看他:"妈妈注意到你回来后心里有点不痛快,没想到的是,你依然做了写字练习。这一点让妈妈觉得你特别厉害。"然后我拿过他的字帖,一一指出了我观察到的他写的好的地方。球球突然跟我说了一句让我十分感动的话,他说:"妈妈,哪怕所有人都觉得我不好,你仍然觉得我很好;哪怕所有人都觉得我写字不好看,你仍然觉得我写得很好看。"

我笑着回答他:"我真的觉得你挺厉害的。"我也特别理解孩子当时的心情,因为我跟球球一样,也曾是个被语言点亮的小孩。

小学期间,我的学习成绩不好,尤其在三年级之前,都是班里倒数一二名。在二年级下学期期末时,学校组织了一次家长会,时间在晚上,寒冬腊月的北方很冷。那次我考了全班倒数第二名。爸爸回家之前,我的内心焦躁不安,根本无法入睡。设想了无数次他指责我的场景。纵然千情万景,唯独没有想到爸爸的"绝杀技"。记得当时爸爸到家后,妈妈问他我考得怎么样。爸爸笑眯眯的,显得很满足的样子跟我妈妈说:"挺不错的,考了倒数第二,这次不是倒数第一了。"那一刻,作为孩子的我,整个天空都亮了。接下来的整个小学时光,我的学习成绩都在不断提升,虽然还只能算中游偏下,但是我的心里一点都不讨厌学习,反而充满了热爱。到了初中,成绩一直都是前三名。

或许你也曾像我一样，因别人的话温暖了自己，改变了自己，所以，注意自己对孩子说正向的话吧！千万别低估我们说出来的话语对孩子的影响。

⭐ 不说"快去学习"，孩子反而更想学

在很多家庭，孩子放学后或者假期中，父母经常催促孩子："快去学习，别玩了！"这也是消磨孩子学习动力、降低学习效率非常具有杀伤力的话。为什么呢？因为人类的大脑有一个特质：越是让做的事情，就越不想做；越是不让做的事情，就越想去做。父母说"快去学习"，反而让孩子抵触学习；老师说"别早恋"，孩子反而对恋爱更加充满好奇，然后偷偷地恋爱……

这种现象在心理学上被称为"罗密欧与朱丽叶效应"。对于越被催促的事情，就越不想做；越被禁止做的事情，就越想做。放到学习中，当父母说"别玩了，赶快去学习"的时候，孩子反而更想玩；父母说"快去学习"，孩子反而不想学习了。

很多父母会面临这样一个问题，如果不提醒孩子学习，心里就不放心，觉得"要是不提醒，他就一点儿都不学了"。所以才会经常催促孩子去学习，有时候一看到孩子坐到书桌前，心里也就舒服了。

问题来了，正是由于我们内心的不安，不停地提醒孩子，才让孩子抵触学习，久而久之，就变成了只会等着父母催了，不催不学。父母心里叫苦，孩子其实也挺苦。父母自己累，也消磨了孩子对学习的兴趣。所以，千万不要为了让我们自己内心舒服而不停地

催促孩子。

⭐ 父母如何做，孩子才肯学？

首先，在孩子学习成长的过程中，我们一定要注意在他们面前说一些积极正向的话。语言是可以传递能量的。你有没有过这样的体会？坐在办公室里，听到同事一进门就急急慌慌地说"不好了，不好了"，我们的心情也会随之一沉；如果另一位同事一进门就兴高采烈地喊道"太好了，太好了"，我们自己也会不自觉地边抬头边咧嘴笑。

在我上初中的一天早上，正要高高兴兴地出门上学，爸爸发现了我的衣领没整理好，便走到我身边，边帮我整理衣领，边说道："闺女，从小你就是个很能坚持的孩子。爸爸了解你，只要你认定的事想办法也会把它做成，学习也是。"这是爸爸的原话，到现在，我都不知道爸爸为什么会突然这么说，但就是这句话从此让我认定自己是一个能学好的孩子，一个无论干什么都能做得很好的人。

跟孩子说一些正向的话，不但能让我们自己展现积极正向的状态，吸引更多积极正向的朋友；还会传达给孩子无限的力量，让他养成积极正向的品格。

其次，我们要多肯定孩子。有的父母对孩子期待很高，明明孩子做得很不错了，家长总习惯挑点不足出来，他们是想激发孩子做得更好,殊不知,总是指出孩子的不足,会让孩子感到自卑。

曾经到另一位朋友家做客时遇到这样一件事,朋友的女儿花了几个晚上做了卡片,在母亲节那天送给了妈妈。我们在一旁的几位朋友都觉得孩子做得很精致,没想到这位朋友第一眼就认出了上面的错别字,把卡片往桌子上一摔,开始数落女儿:"都四年级了,连个字都写不对吗?这么不用心的卡片妈妈不喜欢。"只见,小女孩的眼泪在眼眶里打转,低下头不说话了。

如果我们感觉实在找不出值得肯定的地方,也建议父母们最起码闭上嘴保持沉默,也比鸡蛋里挑骨头要好,最起码不会伤害孩子的自尊心。要想毁掉一个孩子,就不断地否定轻视他吧;要想滋养一个孩子,那就肯定他、欣赏他。

最后,用动作替代语言提醒孩子学习。孩子正在玩,但是已经到学习的时间了,我们应该怎么提醒他?我们可以跟孩子一起约定一个彼此都认同的动作,利用肢体语言提醒孩子。

球球一年级上半学期时,即便做好了计划,放学后还是会常常玩到要睡觉时作业还一点儿都没动。几乎每天都需要提醒"别玩了,该写作业啦。"刚开始,一提醒,球球马上就能跑去书桌前坐下开始写作业。但是,时间长了,每次提醒的时候,我发现不但自己内心有情绪,球球也有点抵触。有时候提醒了好几遍,球球仍然无动于衷,该怎么玩还怎么玩,这让我火冒三丈,在心里跟自己说:"这才刚上学呢,真心体会到了父母督促孩子学习的煎熬,太不容易了。"但是一想到,每次喊孩子学习时,孩子紧蹙的眉头,艰难走向书桌前的样子,便能感觉到孩子也不容易。可是对于孩子的学习又不能坐视不管。于是,我便跟球球约定,以后因为玩而忘了学习的时候,我会双臂交叉,做出一个"×"号(表示不要再玩了),然后伸出手臂,像空姐一样做出"请"的姿势(表示请去学习)。球球觉得这个方法不错,便欣然答应。随后,我们俩演练了几遍。从那以后,我没有再催促过他。有时候,还会先比一个"爱心"(妈妈爱你)。每次看到我的动作,球球总能高高兴兴地跑去写作业。慢慢地,他就养成了按时写作业的好习惯。

孩子成为学习效率高的优等生,只是因为家长用对了方法

朋友问的第4个问题是:什么方法能提升学习效率?

聊到学习方法,我说:"在学习方法这方面,你和新美爸爸应该最擅长了。"

朋友说:"实话说,学习方法没少教,但怎么就不管用。"

我好奇地问:"都教了什么方法呀?"

"就是把我小时候学习时用到的方法告诉她,比如怎么预习、怎么复习。那时候真是爱学习呀,恨不得一整天都能坐在那里学习。"

"不是不管用,是只用我们以前的方法,孩子不足以应对现在

的考试,因为现在考试的考查方向更加偏重于学生对知识的理解和应用。"

朋友点点头道:"这就是问题所在吧?"

"嗯,环境不一样了,方法也就得变化。"

我们读书的时候,只要踏实地坐下来熟练书本上的知识就可以考个不错的成绩。现在的孩子,从出生开始就见多识广,有那么多的绘本图书和网络资源充斥在孩子的生活中。他们跟我们不同,他们缺的不是知识,是对知识的深入理解和用所学知识解决问题的能力。现在的考试越来越注重这一点。这是孩子们在学习上面临的第一个考验。

他们面临的第二个考验是,在面对超量信息时,如何提高所学知识的留存率。只要稍微观察就会发现,有些孩子看起来对刚看过的书或学到的知识侃侃而谈,但其实只是走马观花,流于表面,往往讲过就忘了,他们并未经过深入思考和理解,然后将知识存储于大脑。还有的孩子在学习的时候习惯死记硬背,被动接受知识。这些做法导致知识留存率极低。

这两个考验要求孩子们不能只限于课桌前看书学习。然而,如今很多父母认为,学习必须在教室或家里端坐于书桌前进行。因为我们的爸爸妈妈就是这么嘱咐我们的。小时候,父母经常对我们说:"在学校要认真听老师讲课,放学回来赶紧写作业,一定要好好学习呀!"除了父母,很多孩子也是这么认为的。其实,这是一种很大的误解。

科学研究已经证实,仅仅"认真听讲,专心书本"带来的对知识的理解效果很有限,甚至是一种效率最低的学习模式。相反,

"离开书桌"的学习方式,更能加深孩子对知识的理解和记忆,提升他们用所学知识解决问题的意识和能力,不仅对小升初考试大有裨益,对于中考、高考乃至进入社会以后的学习都有积极的影响。

为什么孩子明明很认真地学习,成绩却始终不如意?

令新美妈妈感到苦恼的是,孩子自己知道学,学习也刻苦,就是成绩无法提高。其实,要想学得好,相信自己能学好是前提,还要**提升知识留存率**。

美国著名学习专家爱德加·戴尔(Edgar Dale)在20世纪50年代首先发现并提出了"学习金字塔"理论(Cone of Learning),如图4-1所示,随后在美国国家实验室对外发布了这个实验结论。戴尔先生发现,单纯地听讲和看书,两周以后能够记住的学习内容分别为5%和10%。换句话说,即使孩子上课时认真听老师讲解,课后认真复习,大脑的知识留存率仍然不超过所学知识的15%。

图4-1 学习金字塔

知道了这个理论后,朋友特别吃惊,原来我们小时候的学习方式效率这么低。"学习金字塔"理论,不仅颠覆了我们对于学习方式的固有认知,还给了我们重要的启发:要想提高学习效率,需要采用不同的学习方式。

"学习金字塔"理论指出,实践和教给他人是最高效的学习方式,能够使所学知识的留存率达到75%和90%。这揭示了一个重要的学习底层规律:通过参与讨论、实践以及给他人讲解等主动学习的方式所留存并加以内化的知识,要比通过听、读、观察等被动学习模式有效得多。

利用好跟孩子到超市购物的机会,让孩子在生活中实践

自从了解了孩子的学习规律后,朋友就很注重引导孩子们将所学知识在生活中实践。

楠木上小学三年级时,有一天,在放学回家的路上突然对妈妈说:"妈妈,还是语文更有意思。"

朋友回复楠木:"哦,你感到语文有意思,那数学呢?"

楠木答道:"数学有点儿难。"

朋友立刻意识到孩子可能最近在数学学习方面遇到了困难,回到家后,翻开孩子的数学课本,看着孩子数学课上的练习,朋友立刻明白了原因。

原来,楠木正在学习小数,他没有完全理解小数的含义,导致题目错了一堆,带来了很大的挫败感,由此表现出了对数学学习兴

趣减弱的趋势。第二天放学，楠木说想吃饼干。妈妈立刻意识到机会来了。于是拿着50元现金带孩子去了超市。到了超市，楠木分别挑选了一袋6.5元和15.8元的饼干，由于是自己期待的食品，购买的过程中楠木特别高兴，朋友就顺水推舟，把结算的过程交给了孩子。楠木特别认真地算起来，总价格是22.3元（6.5元+15.8元），需要找零27.7元（50元-22.3元）。算好这些后，楠木把50元交给收银员，收银员将零钱找给楠木。楠木清点了零钱，带着饼干和妈妈离开了。经过这样一个过程，楠木彻底明白了小数点的意义，回家的路上高兴地对妈妈说："我理解小数点的意思了，原来学好数学这么重要啊。"在之后的生活中，朋友也特别留意能够帮助孩子理解知识的机会。

到超市购物，让楠木对学习的兴趣越来越浓厚，对知识的理解越来越深刻，成绩也越来越好。最重要的是，这样做会让孩子具有用所学知识直接解决问题的意识和能力，对于孩子漫长的一生来说，只有能解决问题的知识才是有力武器。

"学习金字塔"理论进一步告诉我们，上课认真听讲，课后多参与讨论和实践的多维度学习模式才是高效的。比如，我们可以关注孩子一段时期内的课堂学习的主题，然后在课后跟孩子一起做一些主题拓展活动。可以跟孩子一起就某个话题展开聊天，或者看相关视频、文章、影片或延伸阅读相关书籍，也可以带孩子到博物馆和科技馆看相关展览，或者听听专题讲座等。我的另一位朋友就是因为带着儿子在科技馆听了一次关于昆虫的专题讲座才让孩子对昆虫产生了很大的兴趣。

⭐ 让孩子当"小老师",比上一次补习班更管用

除了参与实践,还要引导孩子将自己学到的内容主动讲给别人听,主动向外输出是最高效的学习方式。实际上,这种主动向外输出的方法是全球顶级名校普遍关注和采用的学习模式,也是学霸们屡试不爽的取得好成绩的秘诀。

老师们反馈,楠木三年级下学期在学习方面变化特别大,课堂上积极主动学习,成绩提升也很快。这得益于朋友回家后改变了陪伴孩子学习的方法。她由之前自己讲给孩子听的学习方式变成了让孩子讲给妈妈听的方式。朋友买了一块小黑板,楠木每天放学回来,朋友就表现出想向孩子学习的愿望,楠木就把当天的学习内容讲给妈妈听。朋友坐在对面,边听边适时地向"小老师"请教"不懂"的地方。看到妈妈那么"认真积极"地学习,楠木越讲越起劲。

一般情况下,孩子每天学习的内容都有一个非常明确的主题,通过他的讲解,我们可以及时了解孩子对知识的掌握情况,不但加强了复习效果,对于遗漏的知识点,我们也能通过适时"请教"帮他弄懂。久而久之,孩子的基础知识就越来越扎实了。

对于上初中的姐姐来说,她不像上小学的弟弟那样愿意做家长的"小老师"。当孩子对此表示拒绝时,不要勉强孩子,让她讲给自己听即可,"自言自语"中也能加深对知识的理解,大大提升知识留存率。

总之,要想提高学习效率,既需要心法又需要方法。

快要考试了,如何让孩子高效复习获得好成绩?

朋友问的第五个也是最后一个问题是:如何帮助孩子进行高效复习,迎接考试?

朋友发现,每到考试前需要复习的时候,新美要么心烦意乱,要么手忙脚乱。而有的孩子就能做到有条不紊、按部就班地复习,而且那些学霸的复习效率很高。

⭐ 制订科学有效的复习策略,运筹帷幄方能取得好成绩

三年级之前,孩子不必参加考试,等到了三年级以后,孩子需要参加考试的时候,父母们可以按照以下六步教会孩子制订科学有效的复习策略。

第一步:找出一份月历或者自己制作一份月历,在上面标注将要举行的各门考试的日期。

第二步:在考试之前的复习阶段,和孩子一起制作一份学习计划清单(表4-1)。安排好临近考试前的学习。

表4-1 学习计划清单

学习计划清单					
日期	进程	我需要完成的复习任务	每项任务预计所花时间	我打算使用的复习方法	每种方法运用多长时间
	考试前第7天				
	考试前第6天				

续表

学习计划清单					
日期	进程	我需要完成的复习任务	每项任务预计所花时间	我打算使用的复习方法	每种方法运用多长时间
	考试前第5天				
	考试前第4天				
	考试前第3天				
	考试前第2天				
	考试前第1天				

心理学研究表明，在复习时，分散式复习比集中复习更有效。换句话讲，如果孩子打算为迎接某次考试而将某部分知识复习3.5小时的话，那么将这3.5小时分成更小的部分，比如每个晚上复习30分钟，一共7个晚上，比考试前一晚集中复习3.5小时效果更好。研究还表明，睡眠可以使知识得到巩固加深，因此，在考试之前保证睡眠，比"突击准备"更加有益。有了学习计划，新美心里就会"有数"，就不会心烦意乱、手忙脚乱了。

第三步：跟孩子一起讨论都有哪些复习方法，并记录下来，然后让孩子决定接下来采用哪些方法来进行考试复习。表4-2是一份学霸们常用的学习方法清单，供参考。

表 4-2　复习方法清单

复习方法清单			
在你将使用的学习方法前打√			
□反复阅读/背诵重点内容	□做自测题	□多种方式记忆
□复述课文	□和同学一起复习	□让爸妈考考自己/给自己出题
□查漏补缺，多看错题	□复习课堂笔记	□制作"备忘单"
□学习单词卡片	□画出知识体系	□其他：

对于难以保持专注的孩子来说，与在整个复习期间只用一种方法相比，运用几种学习方法，而且每种方法用较短的时间，可以使孩子复习起来更容易、更高效。

第四步：执行，孩子投入到复习、备考过程中。

第五步：逐步降低支持力度。这取决于孩子独立学习的能力。他可能在制订复习计划时需要帮助，在执行计划时需要提醒。但是父母要注意在提供帮助时逐渐减少支持，直至放手。

第六步：复盘和调整。考试分数出来后，和孩子一起评估学习计划，以及用于复习的时间是否合理。还要评估学习方法，判断哪些方法有效，以后可以继续采用，哪些方法的效果有限，以后不再使用。还可以想想是不是还有其他方法可以尝试一下。

建议将总结写在学习计划上，以便于更好地指导接下来的学习和考试。如果孩子付出了很多，但分数仍然不高，可以向老师寻求学习指导，分析究竟是孩子的学习资料选错了还是学习的方法有待改善，等等。

新美的妈妈就是用这种方法教会了两个孩子制订学习计划以提升复习效率的，家长朋友们也不妨用起来。

建立知识体系，快速掌握一门学科

上一节讲到了学习的第一个关键方法是提升知识留存率；第二个方法则是建立知识体系，即将一个单元的学习内容，甚至一门学科的知识点之间的联系进行总结，并梳理出像"蜘蛛网"一样清晰的结构。

《认知天性》这本书中提到，全球11位前沿认知心理学家将这种知识"蜘蛛网"叫作知识体系，知识体系上的节点称为"记忆结"，代表单个的知识点，将节点与节点之间的联系叫作"知识链"，也就是各知识点之间的联系。并指出，学习的本质就是解决好记忆结与知识链之间的关系。由此，我的理解是，让孩子弄清楚各知识点之间有什么联系，是怎么联系的，最后是怎么连接成为一个结构坚固、脉络清晰的整体的。这样，孩子就会对某一门学科的内容具有"牵一点而动全身"的能力了。

如果不清楚知识点间的联系，各知识点就会像盘散沙，无法形成知识体系。没有建立知识体系的孩子，考试时就像士兵，乖乖听指令，指令指哪儿便打哪儿，有时战战兢兢不确定执行得到底对不对。在考试的时候，往往题目出什么就只想到什么，有时候还想不到，或连"命令"都没听清——没真正理解题目，于是忙活半天答不到点子上。

建立了知识体系的孩子，对于一门知识具备了上帝视角，考试时则像将军，面前摆着整个战场，需要打哪儿便能精准打哪儿。选择哪条路径，需要调动哪些兵力，一目了然，运筹帷幄。对于这类学生，考试时题目要求是什么，考的哪个知识点或哪几个知识点，怎么排列组合才能准确解答题目,全盘了解,分分必得。

有无知识体系,对于成年人来说,是专家与外行之间的差别,对于孩子来说,则是学霸与普通学生之间的差别。梳理知识体系是学霸们快速掌握一科知识,脱颖而出的秘诀之一。

对于小学的孩子,经常问问他:"关于×××(某个知识点或生活中某种现象),你能想到什么?""还能想到什么?"这是两句有魔法的话,它能够激发孩子编织知识网的意识,在回答的过程中还能锻炼孩子组织架构知识网的能力。或者运用八大图示法来建立知识体系,高效复习。具体方法将在下一章中详细介绍。

对于年龄较大的孩子,则可以让他们用思维导图法来梳理、构建知识体系。

3个简单小技巧,让复习更加高效

提高复习效率有3个小技巧。

(1)制订复习计划。

脑科学研究表明,记忆力会因为压力过大而下降,从这个角度来看,临阵磨枪的复习方式是非常不合理的。所以,让孩子学会制订复习计划有助于提升效率,具体方法参考前文。

(2)在书桌前来回走动。

来回走动的时候,大脑会自动产生提升记忆力的 θ 波,可以说"走动"是高效记忆知识的小诀窍。我们自己学习的时候或许也有过这样的体会,一边走动一边背诵课文或英语单词,效率要比坐在书桌前高很多。我们的很多灵感是在走路时获得的,而有些困惑则是在洗澡或者睡觉的时候迎刃而解的。

(3)适当降低房间温度。

动物的本能是在感到寒冷时产生危机感,集中注意力,提高警惕。同样,对于我们来说,较高的温度会影响脑部血液循环,从而降低我们的思考能力,略低的温度则会提升记忆力。所以冬天在暖气不太充足的房间里学习比较好,不建议孩子们在特别暖和的环境里或者被窝里学习。

第五章

提高孩子的思维能力，打开孩子高效学习的"任督二脉"

每一个学习优异的孩子背后,都有强大的思维能力

> 深度思考前的盲目勤奋注定是吃力不讨好的徒劳。
>
> ——香奈儿前全球 CEO 莫林·希凯

对于成年人,思考的深度决定了人生的宽度;对于孩子,思维能力决定了他的学习能力。

应该有很多朋友都看过电影《银河补习班》,影片开头以实现了童年梦想成为宇航员的成年马飞的一句话"我爸爸总说,只要你一直想,一直想,你就能做好地球上的任何事"拉开序幕。

马飞童年坎坷,父亲马皓文蒙冤入狱七年,因缺乏陪伴,马飞长期逃学旷课,中学时成绩在年级垫底,被当作坏学生,教导主任嘲讽他"煤球再怎么洗,也变不成钻石",同学给他取外号叫"缺根弦",甚至他的亲生母亲都说他"又笨又蠢,以后要去摆摊卖煎饼"。毕业的时候,马飞却翻身成了全年级最优秀的学生,这背后离不开爸爸的鼓励和他独立思考的能力。

在面临被教导主任劝退的时候,刚出狱的爸爸马皓文始终相信,自己的儿子是最棒的。在举步维艰的生活中,爸爸时刻给儿子示范要勤于思考。

镜头来到了一处工地上,因为需要在二十多米高的大储槽上安装炸药实施爆破,工人们忙了半天却仍然找不到解决的办法,工头

刘八两大发雷霆。这一幕正好被带着儿子路过的马皓文看见，他经过一番分析，利用同一高度液体压强相同的连通原理，在两分钟内轻松找到了炸药安装点，令刘八两和工友们彻底信服。

父子俩外出旅行时，不幸走散又恰巧碰上百年一遇的特大暴雨，马飞被孤零零地困在洪水之中，马皓文站在岸上举着高音喇叭向儿子喊道："看看周围有什么，动动你的脑子，想办法，你能出来！"只有十几岁的少年马飞面对急速上升的洪水，经过冷静思考，用门板当作木筏主体，用被单和床单代替绳子，最终安全获救。

在爸爸点点滴滴的教导下，马飞具备了良好的思维能力。

转眼期末考试结束了。马皓文带着马飞拿着作文被判了零分的卷子来到了阎主任的办公室，正好碰到十几位教学经验丰富的老师在参观。看了马飞的作文后，在场的老师都深受触动，其中一位德高望重的老教师更是大加赞赏，他转头对旁边的教导主任说道："像这样有独立思考能力的孩子应该多一点，咱们的国家才会更好。"

电影的最后，宇宙飞船在浩瀚无际的太空中由于故障与地面彻底失去联系，包括马飞在内的两位宇航员生死未卜。而整个维修过程，包括出舱、回舱，只有短短的3分钟时间。马飞冒着生命危险，依靠强大的思考能力、过硬的心理素质和专业能力，最终将故障排除，飞船重新与地面取得联系。两位宇航员平安返回。由此，马飞成为令人敬佩的航天英雄。

看这部影片时，我几度泪流满面。一个最平凡的父亲用自己最独特的教育方式和满满的爱，给儿子撑起了一片自由发展的空间，教会了儿子独立思考的能力和面对难题的勇气。

父亲马皓文深知强大的思考能力才是孩子高效学习、成绩优异的关键能力，也是将来在工作中脱颖而出的核心竞争力。

通常，一提起"学霸"，我们自然而然就会想到那些考试分数高的孩子，然而真正的学霸是那些除了拥有自主高效学习能力外，还具有超强的思维能力的孩子。也就是我们常说的"爱学习，会思考"的孩子。

⭐ 孩子的思维能力有差别，但都可以培养

有这样一句话："句子就像梳子，使思维变得整齐而顺滑。"这句话其实反过来也一样成立，只有拥有逻辑清晰的思维能力，说出来的话才会像被梳子梳过一样整齐而顺畅。

一个人无论说话演讲，还是写作解题，背后都需要思维能力支撑。平时听一个孩子说话，就能看出他是否愿意动脑思考，以及思维能力如何。

有一次，我跟朋友带着几个孩子在饭店吃饭，前面提到的球球的好朋友沛沛小学霸也在其中。服务员端上来一盘"乾隆白菜"时，我跟孩子们说："吃点白菜吧！"其他孩子都没有说话，只有沛沛问道："阿姨，为什么要吃白菜？"我说："因为它有价值啊。"我当然指的是"它有营养价值"。但是沛沛并没有掉入思维定式里面。他说道："那书也有价值，我要吃书吗？"沛沛妈妈觉得他是在抬杠，没礼貌，但我一点都不这么认为，我欣喜地看到了这个孩子语言背后强大的思维能力。

其实沛沛妈妈就有很缜密的逻辑分析能力,跟她一起做事特别踏实。

在生活中你可以看到,有的孩子说话做事条理清晰,钉是钉,铆是铆;有的孩子说话颠三倒四,车轱辘话来回说。有的孩子话不多,但重点突出,掷地有声,一句顶十句;有的孩子说话絮絮叨叨,讲了半天却不能准确地表达出自己的想法。这样的孩子在生活中尚且如此,更别说写作文和答题了。

好在,人的思维是可以培养的。先天思维能力虽有差别,但都可以通过后天锻炼得以提升。

要提高孩子的思维能力,在生活中,父母要创造机会让孩子多思考、多表达,比如说明一件事情的来龙去脉、描述一个观察到的新事物、解释一种自然现象……在跟孩子交流的过程中,多向孩子提问,也是锻炼孩子思维的简单而有效的方法。

能够让孩子的思维能力得到提升的交流方式

芝加哥大学妇科及儿科教授、白宫"结束成绩差距"项目发起人达娜·萨斯金德博士提出了"3 000万词汇倡议"。该项目旨在指导父母学习能够优化孩子大脑发育的亲子沟通方式,项目的效果已经在芝加哥人口群体中得到验证。他们把这个方法称作3T原则,即共情关注(Tune In)、充分交流(Talk More)、轮流谈话(Take Turns)。

孩子的思维能力在很大程度上受家庭语言环境的影响。良好的语言环境除了能够跟孩子建立和谐的亲子关系外,还能锻炼孩子的思考能力。

锻炼孩子思维能力的3T原则落实到日常跟孩子的互动中，就是倾听、复述、启发式提问3个步骤。需要注意的是，在跟孩子的交流中，这3个步骤既可以依次使用，也可以单独使用其中的一个。

（1）倾听。

人是群居动物，需要和别人交流。当有人耐心听我们说话时，我们就容易对对方产生好感。

沛沛家人有一个很好的习惯，从沛沛很小的时候开始，一家人就会非常耐心地听孩子说话，无论他说得如何。

我们能够耐心听孩子说话，亲子关系会更融洽，孩子也会愿意多说一些。述说也是梳理思维，锻炼大脑的好方法。东京大学教授、著名脑科学研究者池谷裕二就曾说过："博学的人几乎毫无例外，都是在平时就有强烈讲述欲望的人。"通过向别人讲述，可以掌握许多不同领域的知识。

所以，家长肯用心倾听就是对孩子最好的鼓励，利用孩子说话的机会帮助孩子积累语言表达经验。

（2）复述。

那么，在亲子对话中，父母应该怎么做才能让孩子感受到大人的耐心倾听呢？简单有效的方法是重复孩子的话，父母只要像鹦鹉学舌一样重复孩子的话就好了。

有一天，沛沛放学回家，气呼呼地说音乐太难了，并希望以后我们都没有音乐课。外婆回复道："沛沛觉得音乐太难了，希望以后没有音乐课。"沛沛说:"没错,我就是希望以后没有音乐课。"孩子说这句话的时候,情绪已经没有刚开始时那么激动了。

仅仅通过复述孩子的话这种简单的方法,就能向孩子传达"我在认真听""我对你说的话很感兴趣"等信息,孩子会感受到成年人的关注。亲子对话中,如果孩子反复说同一件事情,而父母每次的反应只有一句:"好了,我知道了。"那么通常孩子还会重复说。这说明了什么?说明了孩子在这次对话中没有感受到被尊重,内心充满了不安,他的解读是父母并没有在好好听他说话,他阐述的事没有被父母重视,所以才会一遍又一遍地说。这个时候,如果父母能够重复一遍孩子的话,然后加一句:"我明白了。"孩子就不会有上述忧虑了。

家长这样做的另一个好处是,帮助孩子在话语中认识到自己说错的地方。人都有一个特性,发现别人的错误容易,看到自己的错误就很难。父母把孩子的话重复一遍,孩子就像照镜子一样,可以相对客观地审视自己的话语,也就容易发现其中的错误或不足了。

(3)启发式提问。

听到沛沛与外婆的对话,妈妈走过来说道:"沛沛不喜欢上音乐课是吗?"

沛沛:"是的,音乐太难了,今天上课考的乐理我不会。"

妈妈:"不会的时候你的感受是什么?"

沛沛:"我觉得很丢人,我感到很失败。"

妈妈:"哦,要是妈妈,可能也有这种感受。可是以后真能不上音乐课了吗?"

沛沛:"不能,妈妈,我还是补一下乐理知识吧。"

除了倾听、复述外,像沛沛妈妈一样,"提问"也是引导孩子表达的好办法,是锻炼孩子思考问题本质的好机会。父母的意见或回答也可以在这一步表达出来。

但是,很多家长并不会正确提问。他们往往长篇大论,自我满足后,问孩子:"你觉得对不对?"这不能算提问,而只能算"征求意见"。这样的家长还没有意识到应该让孩子作为谈话的主角,创造机会让他多说。

典型的启发式问题如下:

你想要什么?

你当时的感受是什么?

你认为是什么原因导致了这件事情的发生?

你从这件事中学到了什么?

你现在对解决这一问题有什么想法?

你打算以后再遇到类似的事情的时候怎么办?

 提升孩子思考能力的启发式提问技巧

技巧1:多用"What""How",少用"Why"。

What 询问具体情况。"你在做什么?""你想要什么?""你的感受是什么?"

How 询问步骤。"你打算怎么做?""你打算怎么解决这个问题?"

而 Why 则是询问原因,"为什么"听起来具有指责的意味,很容易让孩子误解为你在责备他,从而有所戒备。而且 Why 指向过去已经发生过的事情,是孩子根本无法掌控和改变的,会让孩子产生失控感。

所以,遇事多问孩子"What""How",少问"Why"。

比如,如果沛沛说以后不想上音乐课的时候,妈妈问:"音乐课不重要吗?为什么不上?"沛沛很可能回答:"我就是不想上。"这样就没办法帮助孩子解决问题了,还有可能让妈妈觉得孩子不讲道理,因此而火冒三丈。

类似的情况还有,孩子没考好的时候,我们问:"为什么没考好?"这样的语气就很容易让孩子误解为父母在责备自己没考好,可以改成:"你认为是什么原因导致这次考得不好?"再比如将"你为什么那么做?"换成"你那样做的目的是什么呢?"或"你觉得那么做会带来什么好处吗?"你看,只要把问题聚焦在分析"原因是什么""目的是什么",以及聚焦在解决问题"打算怎么做"上,就不会显得语气太生硬,孩子容易接受,大脑就更愿意冷静思考。

技巧2:眼神交流+语言温和而坚定。

家长在询问的时候,如果语气不够温和,反而容易引起反作用,会让孩子感到父母在质问、攻击自己,使得掌管情感的第一层大脑受到刺激,更有甚者还会导致孩子情绪失控。所以,父母在提问的时候,最好先学会使用温和的语气来表达自己的语言。

关系是教育的第一步,先跟孩子建立连接再纠正孩子。有一个简单的方法就是先蹲下来或坐下来,跟孩子有一个眼神的接触,达到情感上的沟通,然后再用温和的语气跟孩子说话。

另外,跟孩子说话的时候,最好能够跟孩子朝同一个方向肩并肩地坐下进行。特别是在孩子犯错的时候,这样尤其能起到很好的教育效果。因为面对面坐着很容易让孩子产生对立感,内心充满防范。

世界知名学校都在用的,提升孩子思维的工具(一)

圆圆是一个想象力丰富、创造力很强的孩子,家里零零碎碎的小部件都被她拿来制作成了各种美观精致的装饰品,摆放在书桌上、电视柜上。学习中圆圆喜欢一题多解,举一反三,写作文的时候总能从不同的角度发散思维,想出很多有趣的点。举一反三等能力让圆圆学习起来轻松高效。

圆圆的同桌则不同,同桌是一个特别老实的小姑娘,对于一个知识点,老师教什么方法就只学什么方法。写作文的时候,如果老师不提示,同桌经常冥思苦想,写出来的作文内容也很单一枯燥。

同桌的妈妈向圆圆妈妈请教,圆圆妈妈告诉对方,从圆圆上幼儿园开始,就用八大思维图示法中的圆圈图来锻炼圆圆的发散联想能力。

著名心理学家吉尔福特在研究创新思维的过程中指出,与创造力最相关的思维方式就是发散性思维。

在这里,圆圆妈妈提到了"八大思维图示法",这是一种结构化、可视化的思维工具,是她在培养圆圆思维能力的过程中,使用最多的、最简单有效的工具。

八大思维图示法

八大思维图示法(Thinking Maps)是美国教育学博士大卫·N.海勒(David N. Hyerle)发明的,是一种用来构建知识、锻炼思维、提高学习能力的思维工具。八大思维图示法使用八种图形——它有且只有八种图形——圆圈图、气泡图、双气泡图、树形图、括号图、流程图、复流程图、桥形图。

根据对大脑接收机制的研究,大卫将人的思维分为八种类型,分别对应人在思考时的分析、综合、比较、分类、推理、因果分析等八种基本思维过程。因此,八大思维图示法体现的是一个从零开始的思考过程,旨在帮助我们训练逻辑思维方式。它能够促进大脑神经网络的发展,提高学习者构建知识体系的能力。

20世纪90年代开始,八大思维图示法被广泛使用在美国纽约、密西西比州、得克萨斯州等地中小学的教学中,并获得显著成果。随后,逐渐被英国、澳大利亚、新加坡等国家和地区引入,作为教育改革策略之一。现在,在美国,从幼儿园到大学,已经有超过4000所学校使用八大思维图示法进行教学。

圆圈图:提升联想发散能力,快速记忆生字词

暑假的时候,爸爸妈妈带着圆圆去了一趟海边。回家后,妈妈

画了一个圆圈图,在中间写上了"大海",问圆圆:"提到大海,你都想到了什么呢?"圆圆边回忆边写,在她卡壳的时候,妈妈便从触觉维度启发她:"你在沙滩上的时候,玩的什么?有什么感受呢?能想到什么呢?"妈妈的启发一下子打开了圆圆的思路。触觉角度写完后,她又从"心情"的维度进行了回忆,并写在了圆圈图里。写完后还在有的文字旁边画了图画。仅仅围绕"大海",借助圆圈图(图 5-1),圆圆和妈妈就想到了这么多。

图 5-1 圆圈图

妈妈用圆圈图锻炼了圆圆的联想能力。圆圈图记录了孩子想象出来的各种灵感和点子。经常使用圆圈图可以让孩子打开思路,拓展思维,让他的创意无穷,写的作文也能词汇丰富。

爱因斯坦曾经说过:"想象力比知识更重要。因为知识是有限的,而想象力却包含整个世界,推动社会进步,催生知识进化。"

圆圈图便是一种锻炼孩子想象力的思维工具。圆圈图作为八大思维工具中的基础工具,也可以和其他七种思维工具结合使用。

圆圈图的基本画法(图5-2):

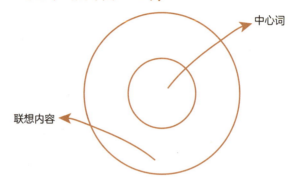

图5-2　圆圈图的基本画法

第一步:在纸的中间画一个小圆圈,在小圆外面画一个大一点的圆圈,小圆与大圆之间留出一定的空间。

第二步:把用来联想的中心词写在中心小圆内,比如"大海"。

第三步:将由中心词联想到的关键词写在两个圆圈之间,比如圆圆写的"细软""海天一色""兴奋"等。

圆圈图使用技巧:

第一,中心词可以图文结合,也可以只用图画表示。

第二,联想内容建议用彩色图文结合的方式,这样可以激发联想,增强理解和记忆。圆圆运用的图文结合的方法。

第三,尽量从多个不同的维度联想关键词。比如圆圆从视觉、触觉等维度来联想大海。

第四,关键词要尽量精练,而且有意义的联想关键词越多越好。

圆圈图的使用举例:

圆圆可不是只在游玩的时候使用圆圈图,她在学习中也经常使用圆圈图来归纳总结知识点。

比如,在语文学习中,圆圆用圆圈图梳理同一偏旁的汉字。这样借助一个偏旁便复习了相关的汉字。如图 5-3 所示的"亻"成了知识体系中的记忆结。

图 5-3 用圆圈图梳理带"亻"偏旁的汉字

在数学学习中,圆圆则用圆圈图来归纳总结"三角形"的相关知识(图 5-4)。在英语学习中,圆圆借助圆圈图对带 M/m 的单词进行联想记忆(图 5-5)。

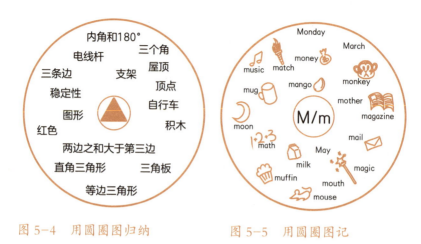

图 5-4　用圆圈图归纳"三角形"相关知识

图 5-5　用圆圈图记带 M/m 的单词

🌟 气泡图：提升描述表达能力，作文生动不枯燥

泡泡不但是一个说话很有重点的孩子，在写作文的时候，她也总能从不同的角度来描写一个事物。比如老师让写"我的妈妈"，她会从妈妈的外形、性格、职业、为人处世等多个维度来描写一个形象丰满、感情充沛的妈妈。

是泡泡天生如此吗？其实不是的。以前的泡泡特别喜欢说话，但是说出来的话又经常让人感到丈二和尚摸不着头脑。写作文也是东一耙西一耙，零零散散。在以前，泡泡同样是写"我的妈妈"，会写得零零散散，比如写外形，外形还没写完呢就急忙写职业，职业写了一句又写外形……最后目之所及一片凌乱。

泡泡妈妈经常说："孩子爱说话，说明他精力旺盛、脑子灵活,是好事。对于说话缺乏重点这个问题,我们只要教给孩子正确的表达方法就可以了。"泡泡妈妈把锻炼泡泡描述表达能力的气泡图分享给了大家。

老师让孩子们以"我的妈妈"为主题写一篇作文。

泡泡回家后,自己画了一个气泡图,在里面的圆圈内写上了"我的妈妈",外面的圆圈内顺时针依次写上了"短头发""圆脸""中等身材""雷厉风行""善良"……妈妈问:"这是外形和性格,还有别的角度可以写吗?"泡泡又加了一个职业"律师",妈妈说:"这些都是妈妈的个人角度,与别人相处呢?"泡泡恍然大悟,写上了"乐于助人"……

气泡图分析完后,泡泡打开作文本开始从外形、性格、职业、为人处世四个角度依次描写妈妈,一个角度写完,再写另一个角度。这样就不会出现以往作文看起来琐碎凌乱的情况了。完成的气泡图如图5-6所示。

图5-6 气泡图

习惯使用气泡图的孩子,在平时表达的时候,也会像泡泡一样重点突出,维度分明。因为气泡图可以帮助孩子对某个事物进行深度、全面的了解,可以非常有效地锻炼孩子的观察能力,以及对事物基本特征的提炼能力和关键特征的抓取能力。

气泡图的基本画法(图5-7):

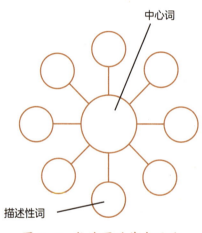

图 5-7　气泡图的基本画法

第一步:在纸张中间画一个中心圆,在中心圆周围再画出一个个小圆圈,并用直线将它们与中心圆连接起来。

第二步:在中心圆内写上需要描述的中心词。

第三步:在周围的小圆圈内写上描述性词语。

气泡图的使用技巧:

第一,每个圆内既可以写字,也可以画图,还可以图文结合。

第二,描述性词一般以形容词或形容词短语为主,比如描述文具盒可以用"长方形的""蓝色的",也可以是一些直接表现中心词的某些特点或属性的名词,比如描述妈妈就可以用"女性""教师"。

第三,描述性词语尽量涵盖中心词的多个方面的特征,应从多个角度来进行描述。

第四,描述性词力求精练、准确。

气泡图的使用举例:

除了表达,在学习中,气泡图也是泡泡的得力工具。她会用气泡图来分析一篇课文中的人物,如图 5-8 所示。

图 5-8　用气泡图分析课文中的人物

她还会利用气泡图来全面了解数学知识点,如图 5-9 所示。

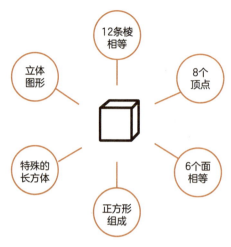

图 5-9 用气泡图了解数学知识点

用气泡图来梳理英语知识体系,如图 5-10 所示。

图 5-10 用气泡图梳理英语知识体系

用一句话来总结就是,圆圆用圆圈图解决了作文单一枯燥、缺乏创意的问题;泡泡用气泡图解决了作文语句琐碎、缺乏重点的问题。

世界知名学校都在用的,提升孩子思维的工具(二)

双气泡图:提升对比选择能力,理性思考有主见

双双以前总说自己有选择困难症,因为经常拿不定主意,一点小事都能让她六神无主。在学习中,最明显的表现是科学课上,遇到类似"鲸鱼和鲨鱼""乌龟和海龟"的对比,双双总是迷迷瞪瞪分不清。

后来,双双有了很大改变,变得特别有主见,小到出门旅行选择什么交通工具,大到将来要去哪所中学读书,她都分析得头头是道。

同学们都好奇双双的变化,她便分享了帮助自己提升了选择能力的"秘密武器"——双气泡图。

双双首先在本子上画了一个双气泡图,分别在两个中心圆里写上了"鲸鱼"和"鲨鱼";然后在中间的圆圈里依次写上二者的相同点——有尖牙、有鳍、生活在海洋中;最后在两侧的圆圈内写上第一个不同点——温血动物 VS 冷血动物,写第二个——哺乳动物 VS 鱼类……完成后的双气泡图如图5-11所示。

图 5-11 鲸鱼和鲨鱼的不同点和相同点的双气泡图

经过双双形象的对比,同学们很快就知道并记住了鲸鱼和鲨鱼的相同点和不同点。双双神秘地告诉同桌,她用这种方法梳理了很多知识点,大大提高了学习的效率。

同学们听得目瞪口呆:"你这也太厉害了吧!"同学们的崇拜点燃了双双内心的小宇宙,她又把平时如何用气泡图帮助自己做选择的秘密告诉了同学们。

双双举了一个周末刚经历的例子。周日,爸爸妈妈打算带她到动物园玩,在开车还是坐地铁之间,双双用气泡图做了一番对比,最后选择了坐地铁。因为经过对比发现,地铁更环保,也更准时。坐地铁与开车出行的双气泡图如图 5-12 所示。

图 5-12 坐地铁与开车出行的双气泡图

双气泡图主要是通过对两个事物的对比，让我们理解更深刻。通过对两个易混淆的事物的对比，我们有了更好的区分；通过对两个方案的对比，我们可以做出更理性的选择。

双气泡图的基本画法（图 5-13）：

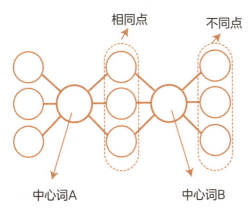

图 5-13　双气泡图的基本画法

第一步：画两个圆，在圆内分别写上用来对比的中心词 A 和中心词 B。

第二步：在两个中心词之间画圆圈，写下两个中心词的相同点，有几个相同点就画几个圆。

第三步：在两个中心词两侧成对地画圆，写出这两个中心词的不同点，有几个不同点就画几对圆，每对圆的位置要左右对称。

双气泡图的使用技巧：

第一，尽量从多个角度进行对比。

第二，对比的时候先想相同点，再想不同点。

第三，找不同点的时候要注意与维度对比，保证每个维度一一对应。

双气泡图的使用举例：

语文：对《小枣树》一文的分析（图5-14）。

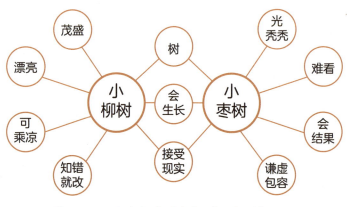

图 5-14　用双气泡图分析《小枣树》一文

数学：三角形与圆形的对比分析（图5-15）。

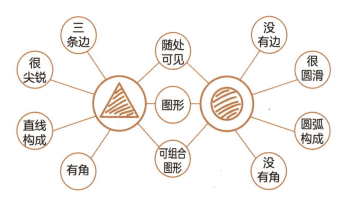

图 5-15　三角形与圆形的对比分析

英语：Father 与 Mother 的对比分析（图5-16）。

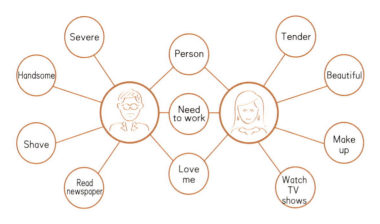

图 5-16　Father 与 Mother 的对比分析

⭐ 树形图：提升逻辑分类能力，早上出门不再丢三落四

小树是一个很注重整洁的孩子，他的玩具从来不乱丢乱放，全都分类摆放在玩具柜里，书包、课桌也都是整整齐齐的。有一天，小树来我家玩，回家的时候忘了带水杯、外套和口罩，孩子回家后给我发信息，她是这么说的："阿姨，我回家了，我的水杯、外套和口罩忘在您家里了，我一会儿回去拿。"你看她的表达既简洁又清晰，看到信息后我马上帮她把这三样东西找齐后放在显眼的位置。小树的信息反映出她具有不错的逻辑分类思维。

有一天，跟小树同龄的另一个孩子小 L 也来我家玩，同是走时忘了拿水杯、外套和口罩，这个孩子回家后也同样给我发了一条信息，不同的是他是这么说的："阿姨，我的东西忘在您家里了，我一会儿回去拿。"看到信息后，我的第一反应是一头雾水，到底是指什么东西呢?

在生活中,小L会把玩具随手乱丢,上学后书包里的东西乱作一团,卷子写得乱七八糟。早上出门时,不是忘了水杯,就是忘了红领巾,总之经常丢三落四,带不齐东西。小L的父母常常为此火冒三丈,尤其是本来上学就快要迟到的时候,更是气不打一处来。

小树之所以有很好的分类思维,得益于她经常使用八大思维图示法中的树形图。

比如,周末孩子们结伴去公园游玩,大多数孩子由妈妈帮忙准备好第二天的出行物品,还有几位孩子虽是自己准备,但是想到什么装什么。小树也是自己准备的,与其他孩子不同的是,她先做了一个树形图,把所带物品按类别清晰地列出清单来,然后照着清单有条不紊地准备物品。小树完成的树形图如图5-17所示。

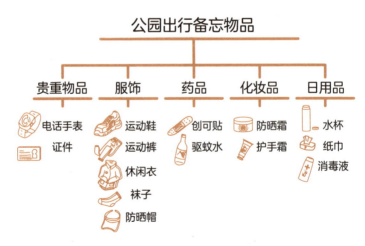

图5-17 公园出行备忘物品树形图

树形图可以帮助我们整理物品,也可以整理思路。通过分类,我们可以找到事物之间的联系,探寻事物之间的个性和共性,逐渐形成严谨的逻辑思维;通过分类,我们还可以很好地整理和记忆自己的物品或者自学过的知识点。

树形图的基本画法(图5-18):

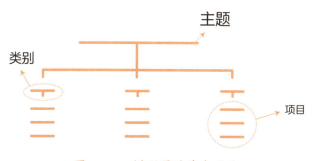

图5-18 树形图的基本画法

第一步:了解树形图。树形图是由主题、类别和项目构成的。它就像储物柜一样,主题是整个柜子的外貌,类别是柜子上的一个个抽屉外面的标签,各个类别中的项目则像是抽屉内的物品。

第二步:画图时要先写主题,然后写类别,最后写每个类别下面的项目。相当于先搬来一个柜子,然后按照不同的类别将柜子上的抽屉外面贴上标签,最后将不同种类的物品放入相应类别的抽屉内摆放整齐。

第三步:为了区别类别和项目,要注意在每个类别下方画短竖线,然后在短竖线下方写出类别中的各个项目。

树形图的使用技巧:

第一,分类的标准要合理,要有科学依据。

第二,分类时要注意,类别之间不交叉、不遗漏,保证每个内容都分到正确的类别中。

第三,同样的事物可以有不同的分类,主要看分类的标准是什么。

树形图的使用举例:

按照小树的方法,小L列出了第二天早上上学所要带的物品清单,并且在前一天晚上按照清单一一备好,集中放在出门时方便拿取的位置。就这样,小L克服了早上丢三落四的习惯,并且用同样的方法克服了玩具随意摆放的坏习惯。小L做的第二天上学必备物品清单树形图和玩具收纳树形图如图5-19和图5-20所示。

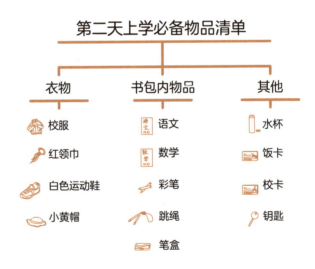

图5-19 第二天上学必备物品清单树形图

图 5-20 玩具收纳树形图

除了生活中的物品准备和玩具收纳,小 L 还跟小树一样,将树形图用在了学习中。通过分类,他们可以快速集中地记住大量的知识点(图 5-21 和图 5-22)。

图 5-21 用树形图学习英语单词

图 5-22 用树形图学习汉字

括号图：提升全局思维能力，做事考虑周全不冲动

括号小朋友是一位具有全局意识的小学生，你只要用心观察就会发现，括号在描述事物的时候，总会先说一句整体概括的话，然后再将整体拆分为局部来讲。比如同样是描述"我的家"，括号小朋友会说，我的家由厨房、卫生间、卧室、客厅四部分组成。厨房里有洗碗槽、灶具和冰箱；卫生间里有马桶、淋浴房和储物柜；卧室分为我的卧室和爸爸妈妈的卧室；客厅包括用餐区、娱乐区和阅读区。老师和同学们一听就明白了括号家的概况。

很多孩子经常这样描述"我的家"："我的家有冰箱、淋浴房、玩具房、卧室、客厅、洗碗槽……"说了一大堆，不但他越说越乱，同学们也越听越糊涂，不知道他家里到底是什么样的。

括号小朋友之所以能够不慌不忙地简洁、清晰地描述出"我的家"，秘诀就是他的小脑袋里装着一个括号图，如图 5-23 所示。

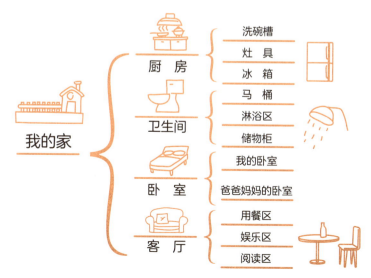

图 5-23 "我的家"括号图

看，这个图是不是一目了然？括号小朋友只不过是把小脑袋中的图形描述出来了而已。

括号图是用来对事物进行拆分的，主要用来表达整体与部分之间的关系。通过拆分，我们可以对事物进行更客观、更全面的认识，以加深对事物的了解。

括号图的基本画法（图5-24）：

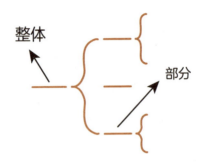

图5-24 括号图的基本画法

第一步：括号图由"整体"和"部分"组成。

第二步："整体"在左侧，"部分"在右侧，两者用大括号连接，还可以将"部分"继续拆分。所以，括号图可以包含多个层次。

第三步：括号图不是用来表示类别关系，而是表示整体与部分之间的关系，不要与树形图混淆。

括号图的使用举例：

当我们学习一些生字和新的英语单词时，可以借助括号图来掌握字的结构和单词的构成；在学习数学或其他科目时，也可以借助括号图梳理知识结构（图5-25）。

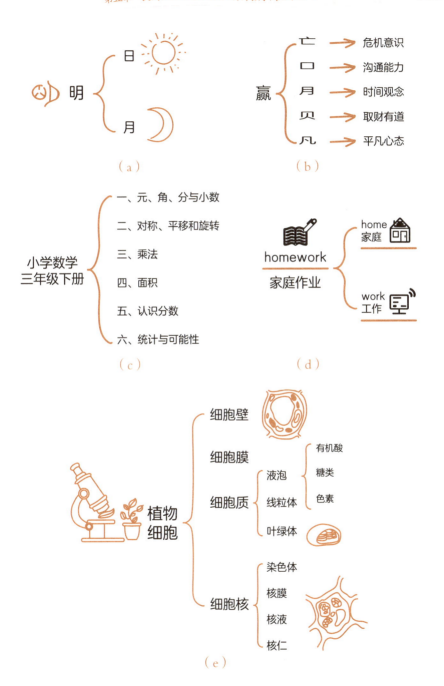

图 5-25 括号图的使用举例

美国知名学校都在用的，提升孩子思维的工具（三）

就在我写这部分的时候，球球的语文老师任老师在班级群里发了一篇班里一个名叫小S的小男孩写的作文，老师的评语是："条理清楚，语言通顺，主题鲜明，还能正确使用不同的提示语。"

老师发这篇范文，当然不是让我们把自己的孩子跟小S作比较，而是为了让我们看到孩子们之间表达能力的差距，从而陪伴孩子找到自己提升的方向和方法。

当我打开群内的图片，看到这个孩子的作文后，内心非常感激老师能够将其分享出来让我欣赏到一篇才上小学二年级的孩子写的优秀作文。

作文的题目是"愉快的一天"，孩子写了整整4页，乍一看，每一页的字迹都非常工整。再细看，更是点头称赞。作文一共分了5段，中间主体部分有3段，每一段开头分别用了"早上""过了一会儿""到了下午"这样的提示语，使得故事的发展脉络清晰可见。开头交代了背景："小虫子、小蚂蚁和蝴蝶是很要好的朋友。"结尾写了总结句："这真是愉快的一天。"

我平时也观察过这个小男孩，不只是写作文，他平时说话就有条理，有逻辑。对应到学习生活中，这个小男孩无论做什么，都是有条不紊的，先做什么，再做什么，最后做什么都安排得妥妥当当。

我们也经常看到有的孩子说话做事颠三倒四，缺乏头绪。常常想起什么说什么，想起什么做什么，一件事都还没做好，又跳到了另一件事情上，家长在旁边看着既无奈又好笑。这类孩子因为思维跳跃，逻辑表达能力就比较弱，跟别人交流沟通起来就会不那么顺畅。

流程图：提升步骤梳理能力，说话做事有条理

如果想让孩子像小S一样表达清晰，做事有条理，就可以教孩子使用流程图。另一个孩子程程，也跟小S一样，具有清晰的逻辑思维和表达能力，这也得益于他经常使用的流程图。

流程图可以用来梳理一些常规事物的步骤，通过梳理，孩子可以很清晰地知道先说什么，再说什么，最后说什么。当我们教孩子做某件事情的时候，也可以通过流程图来梳理，这样有助于我们把做这件事情的关键步骤清晰地提炼出来，让孩子把握住事情的重要节点。

关于早上起床去学校这件事，程程就从来没有让爸妈操心过，他自己做了一个流程图，什么时间该做什么全都清清楚楚。图5-26是程程做的流程图。

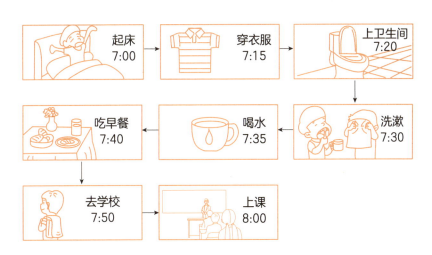

图5-26　程程制作的早上起床去学校的流程图

除此之外，每周末早上起床后，程程也都会先做一个流程图安排好自己的一天（图5-27）。

图 5-27　程程的周末安排流程图

流程图主要是用来梳理步骤的,它可以把做某件事情的先后顺序清晰地呈现出来,每个阶段要做什么,先做什么,后做什么。它可以让我们说话更有条理,做事更加合理、高效。经常使用这一思维工具,可以锻炼孩子的逻辑思维和全局思考的能力。

流程图的基本画法(图 5-28):

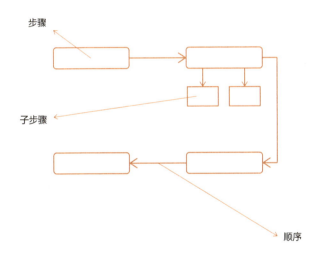

图 5-28　流程图的基本画法

第一步:流程图是由方框和带箭头的线条组成的,方框中的内容表示步骤,箭头方向表示步骤的顺序。

第二步:如果事情比较复杂,有些步骤还可能有子步骤,也就是将步骤细化拆分后的步骤,这些子步骤可以写在步骤的下方。步骤与子步骤之间用带箭头的竖线连接。

第三步:如果子步骤之间有明显的顺序,也可以用带箭头的线条将它们连接起来。

如图 5-29 所示,孩子在学习西红柿炒鸡蛋的过程中,将准备食材拆分为洗切西红柿,准备鸡蛋和油、盐等子步骤;整理厨具则可以拆分为洗刀具和洗案板两个子步骤。

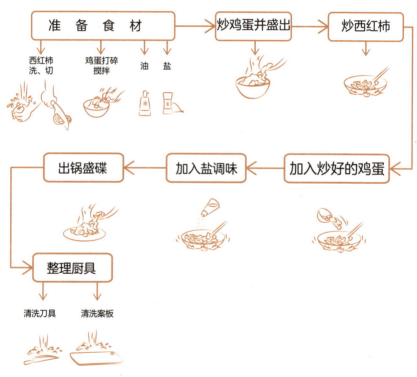

图 5-29 做西红柿炒鸡蛋的流程图

流程图的使用技巧:

第一,流程图中的步骤不求多,每个步骤都应该为关键的动作。

第二,如果有可以并行安排的步骤,也可以用子步骤形式统筹安排。

流程图的使用举例:

小学数学中的沏茶问题,是著名的数学家华罗庚先生提出的经典例题,主要是让学生分析家里来了客人需要沏茶时,怎么合理安排沏茶的步骤才能让客人在最短的时间内喝上茶。这道数学题旨在考查孩子一个特别重要的能力——统筹能力,即在诸多的解决方案中寻求最合理、最省事的方案。

这是一个典型的可以借助流程图来解决的问题,具体流程图如图 5-30 所示。

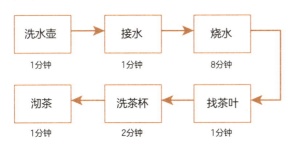

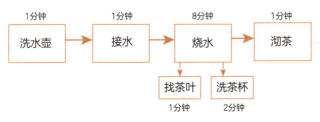

图 5-30 沏茶问题的流程图

从图 5-30 中可以一眼看出，方案 B 比方案 A 要节省时间。想要做出合理的安排，不仅要考虑各种事情的先后顺序，而且要把能同时做的事情安排在同一个步骤中进行。用流程图直观地展示，孩子可以直接地看出哪些事情是可以同时做的。孩子如果能有这样的思维习惯，那么他在学习中也会有意无意间节省很多时间，提高做事效率。

 复流程图：提升因果推理能力，梳理解题思路

程程有个姐姐正上初一。姐姐是一个能够把一件事的前因后果想得明明白白的孩子。姐姐经常说的一句话就是："很多事一旦想透彻了，行动起来就简单了。"比如看到同桌眼睛近视后带来的诸多不便，她不想让自己的眼睛也近视，于是就分析了一下可能导致眼睛近视的原因以及近视所带来的后果，这就让她非常清晰地知道以后该做些什么来预防近视了。

程程发现自己没有姐姐这种能力，所以他决心向姐姐学习。他向姐姐请教是怎么做到将近视眼的因果分析得如此透彻的。

姐姐把自己做的复流程图找出来给程程看，程程恍然大悟。图 5-31 是姐姐借助复流程图针对近视眼做的因果分析。

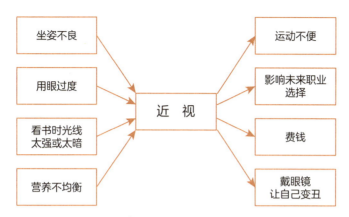

图 5-31 用复流程图对近视眼做因果分析

复流程图是用来进行因果分析的,即对某件事情发生的原因和由这件事情带来的结果进行分析。其可以帮助我们解决问题,尤其是解决一些复杂的问题。

复流程图的基本画法(图 5-32):

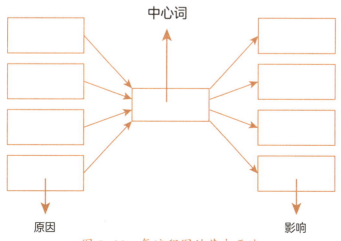

图 5-32 复流程图的基本画法

第一步：在纸的中间画一个方框，在方框里写上要分析的事件，即中心词。

第二步：在中心词左侧画方框，在方框里写上这件事情发生的原因，然后画出从每个原因指向中心词的箭头符号。有几个原因就画几个方框+箭头符号。

第三步：在中心词右侧画方框，在方框里写上这件事情带来的结果，然后画出从中心词指向每个结果的箭头符号。有几个结果就画几个方框+箭头符号。

复流程图的使用技巧：

第一，复流程图的原因和结果不需要一一对应。

第二，被分析的一定是一件事而不是一个物品。

第三，无论是分析原因还是结果，都要尽量引导孩子从多角度思考。

复流程图的使用举例：

复流程图除了可以分析因果外，还可以用于学习中，以提升学习效率，如图5-33所示。

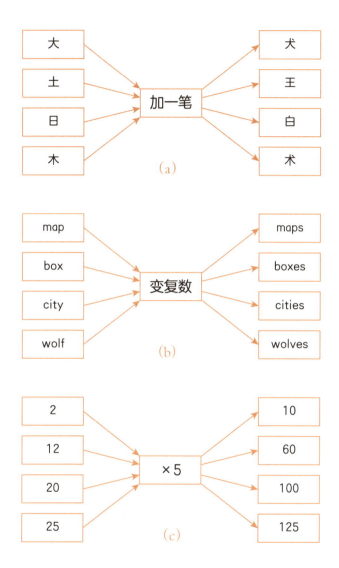

图 5-33 复流程图在学习中的使用举例

桥形图：提升类比记忆能力，知识记忆有诀窍

在英语老师讲完如何将名词单数变复数的知识点后，小桥很快就记住了各种单词变复数的规则，做题又快又准。英语老师注意到小桥借助了一种图形将所有变化规律系统地进行了梳理，清晰直观地呈现出来。就是这个图形让小桥很快掌握了单数变复数的规律。老师请小桥把这个方法分享给大家。

小桥大方地把自己用的桥形图教给了同学们。从此，同学们把这个工具用在了学习中，帮助自己建立知识体系，而且很多知识记得又快又准。

图 5-34 是小桥在建立名词复数变化规则的知识体系时使用的桥形图。

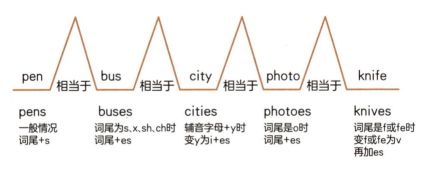

图 5-34　用桥形图建立的名词复数变化规则

除了其他七个思维工具外，桥形图也是建立知识体系的好方

法。桥形图多用于类比，我们可以探寻并发现所类化内容之间的联系和发展规律，进而更好地深入思考。

桥形图的基本画法（图 5-35）：

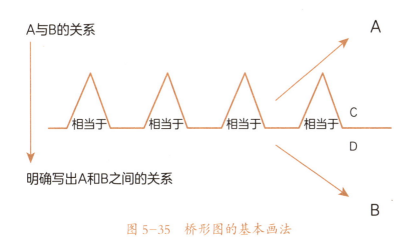

图 5-35　桥形图的基本画法

第一步：桥形图的形状像一座桥，在桥的下方写上"as"或"相当于"，在横线上方和下方写一组具有某种关系的内容，每组内容的关系是相同的，各组之间形成类比的关系。

第二步：画桥形图的关键在于明确横线上下两种内容之间的关系，要保证每一组内容都具有这个关系。

第三步：桥形图是这样解读的：A 与 B 的关系相当于 C 与 D 的关系……

桥形图的使用技巧：

第一，每一张桥形图只能用来表示一种关系。

第二,桥形图表示的是横线上下内容之间的关系,不是横线左右内容之间的关系。

第三,最少要列出两组内容才能形成类比关系。

桥形图的使用举例(图 5-36):

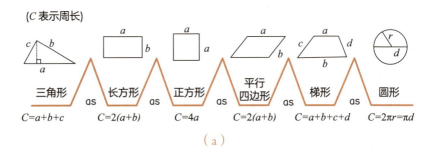

(a)

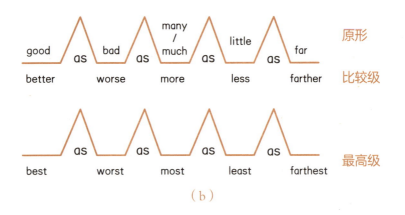

(b)

图 5-36 桥形图的使用举例

桥形图是八大思维图示法中第八个思维工具。总而言之,八大思维图示法包括圆圈图、气泡图、双气泡图、树形图、括号图、流程图、复流程图和桥形图。借助这八个思维工具,不但可以锻炼孩子的联想发散、描述表达、对比分析、逻辑分类等思维能力,还能够帮孩子梳理知识体系,建立生活好习惯,是孩子学习生活中非常得力的工具。

给学习装上"第二大脑",让孩子快速逆袭成学霸的秘诀

"我家的孩子,同样的题能错三遍,真是屡错不改,不长记性。""我小时候放学回家就帮父母干活,可现在我的孩子,你让他拖个地,拖了就跟没拖一个样。干什么都应付了事。"

我想不少家长朋友有过类似的烦恼吧。对于"屡错不改"和"应付了事"的孩子,其实都是因为缺乏自我监督和自我评估能力,即元认知能力。

★ 优等生的两个制胜法宝:自我监督和自我评估

有的孩子做事认真,对于同一类题目,错过一遍就绝不允许自己再错第二遍。这类孩子学习效率极高,成绩也很好,是大家公认的优等生。优等生之所以保持优秀,就是因为他们具备了一个重要的能力——元认知。格格就是这样的一个孩子。

不只是学习，做其他任何事情，格格也都非常认真，而且他特别能坚持。周末在家整理房间时，哪怕沙发底下和书架底下这些平时不容易注意到的地方，他也都一一打扫干净。哪怕只有一块积木散落在地上，他也一定要捡起来物归原位。成年人如果要把家里的房间全部整理好，往往都需要两三个小时，何况孩子呢。对于成年人都是觉得辛苦的事，格格经常忙活得满头大汗。但是他从不叫累喊苦，每次都是默默沉浸在整理任务中。最后，看着整洁的家，他会畅舒一口气，露出满意的笑脸，看起来很有成就感的样子。

一开始，格格整理房间并没有现在这么娴熟，尽管如此，他还是乐此不疲地坚持着，而且一次比一次有进步。格格有一个特别好的习惯就是，每次打扫完房间，他会跟妈妈说，下次怎么做可以更省力一些，房间能更整洁一些。也正因为如此，他把房间整理得越来越"专业"，被他整理过的房间看起来很像被专业的整理收纳师收拾过一样。

格格具有很强的元认知能力，元认知包括自我监督和自我评估两种能力。

自我监督能力是指在做一件事情之前，就能够对该事情采用宏观视角来观察，然后对于要把事情做成什么样，内心有明确的标准。心理学上把这种内心预定的做事标准叫作"心理表征"。具有心理表征的孩子，不但能够坚持不懈地把事情做到最好，达到标准后还会特别有成就感。

就像格格，正因为他心里很清楚要把房间整理成为什么样子，即对整理房间这件事他有"心理表征"，所以才会不放过任何一个细节，就算是散落在地的小小的积木他也不放过。同时，因为有了心理表征，相当于把房间整理好后的"里程碑"，所以每次整理好房间，都会让格格内心充满成就感。有成就感的孩子，会充满期待，不会轻易喊累。

自我评估能力则是指在做完一件事后，对过程和结果的总结反思能力。就好像做事的过程中，在头顶安装了一台记录仪，把做事过程和结果拍摄下来，任务完成后打开记录仪一边回放一边总结反思。只不过这种回放和反思过程都是在大脑中进行的。对于不足的地方，思考改善办法以作为经验并用到以后的事情中。这样以后再遇到类似的事情就可以做得越来越好。

正因为格格能够进行自我评估，他才会在整理完房间后环顾四周，总结下次可以提升的地方。在学习上，他也是这么做的，所以才会成为优等生。

元认知能力相当于我们大脑之外的大脑，也就是我们的"第二大脑"。具有自我监督和自我评估习惯的孩子，会跳出当下的局面，做事之前先问问自己："这件事我打算做成什么样？"做完之后问问自己："我这次做得怎么样？获得了什么经验？对于不足的地方怎么改善才能让事情变得更好一些？"

缺乏这种技能的孩子，则经常会错过或忽略一些有益的信息，从而错失成长的机会。

这是学霸比普通学生优秀的关键能力之一。

自我监督能力和自我评估能力也让成年人受益，比如说我们在社交中经常有感觉自己说错话或者做了一些令自己后悔的决定。很多人遇到这种情况时，习惯自责或内疚，这其实对我们的能力提升没有任何作用，倒不如把精力用在想想这件事当时是怎么做的，以及以后再遇见类似事情时，打算怎么做才能让事情变得更好。总之，内耗是最不值得的事情了，关注提升吧！

⭐ 法宝一：培养孩子自己监督学习过程的能力

我们要给孩子装备"第二大脑"，培养孩子像格格一样的自我监督能力，那样不但孩子有动力克服困难，家长也会很省心。

培养孩子对学习过程的自我监督能力，最关键的就是让他对学习过程有明确的心理表征。

对于格格的学习，他的妈妈是这么培养他的心理表征的。

在格格学习之前，妈妈会问一些激发他自我监督意识的问题，比如"你这次要完成的学习任务是什么？""你这次学习的计划是什么？""你打算怎么完成你的计划？""你打算把作业做成什么样子？"时间长了，格格就养成了习惯，每次做事之前他都会先在心里问自己这些问题。

总结格格妈妈的做法有两点：第一，向孩子提出一系列的问题，逐渐培养他自己提问自己的习惯；第二，引导孩子辨别每一步学习任务要做成的样子，以及所有任务完成之后的样子。

心理表征一方面可以帮助孩子着眼全局看到森林，另一方面还能够让孩子把注意力集中在一棵树上——具体要做的细节。既见森林，又见树木。

同样是整理房间，没有心理表征的孩子，所谓整理房间就是把地拖一遍就算整理完了，散落的积木不在整理范围内，所以就视而不见。对于他们来说，做事纯粹为了应付任务而已，所以他们做事的时候是痛苦的。有心理表征的孩子，把房间角角落落都收拾妥当，达到了标准内心就会很高兴，虽然也辛苦，但是即便辛苦也会越干越爱干。换到学习或其他事情也一样，所以优秀的学生，做什么都像格格一样快快乐乐的，每天充满干劲儿和不妥协的克服困难的精神。

法宝二：培养孩子自己评估学习任务完成情况的能力

在格格学习任务结束后，妈妈经常会让他描述一下有什么收获，或者妈妈会问："你觉得作业做得怎么样？是不是按照要求做的？""下次你打算怎么做才能让作业完成得更高效一些？"之类的问题。另外，妈妈还会及时肯定他，比如："你按照老师的要求朗读了课文呢，很不错。"有时候对于格格做得不足的地方，妈妈还会提出简单具体的建议，比如："你的句子写得真好，但是书写的时候，字都挤到一起去了。你可以把它们挨个儿写在方格里去，尽量不要写出格子。"

为了帮助格格培养自我评估的能力，妈妈做了以下三点：第一，引导孩子评估学习时的表现情况；第二，对孩子做得好的地方及时鼓励，让孩子知道具体哪里做得好；第三，对于孩子做得不足的地方，提出具体的行动建议，提建议之前先肯定孩子而不是评判孩子。

糖糖是一个缺乏自我监督和自我评估能力的孩子。虽然她学习勤奋，在家会积极做作业和复习，也从来不需要任何人提醒或激励。但即便如此，她在学习上却表现平平。尤其进入初中以来，更是感到自己在学业上的付出与获得的回报极其不对等，这使得她感到越来越失败。虽然她给老师和同学们的印象都是细心踏实，但是学习成绩一直没有起色。

其实一直以来糖糖在学习上的不足之处就是不会细致地检查自己学习任务的完成情况，也没有明确的学习标准。在她小学的时候，这看起来并不是什么太大的问题，因为父母或老师会在身边密切地关注着，但是如今她长大了，父母老师都希望她能够独立地检查自己的作业，反思自己的学习。

糖糖缺乏的正是元认知能力，比如作为一个初一学生，她用吸尘器打扫房间卫生，有时候能打扫得干干净净，有时候却马马虎虎。再比如她的家庭作业，只有老师给予反馈，她才会纠正。因此糖糖只需要做到事先想清楚自己要把作业做成什么样子，做完后需要检查些什么，而不是等着老师的反馈，她的成绩便可以获得大幅度提升。

后来，糖糖的妈妈采用了格格妈妈的方法，逐步培养了糖糖自我监督能力和自我评估能力。糖糖的成绩有了很大提高。

从小就要让孩子知道"事前有标准，事后有反思"，能够使他在别人线性成长时，借助"外挂"大脑获得指数型成长。

第六章

让孩子对自己的学习负责，
靠督促的孩子出不了好成绩

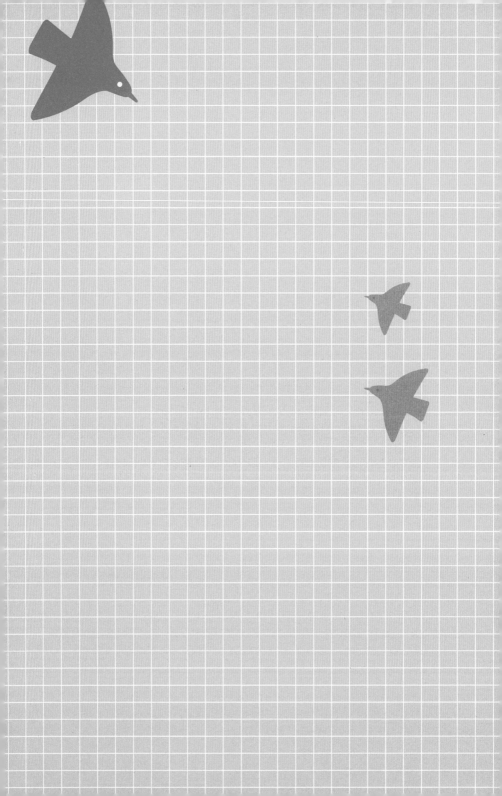

3 种方法,让孩子抵住诱惑,真正认识到学习是自己的事情

孩子知道要好好学习,但生活中充斥着各种各样极具诱惑力的电子产品和各种直播视频的干扰。这些对成年人都是考验,何况孩子呢?要想让孩子独立自主,为自己的学习负责,首先要让孩子具备对各种诱惑的辨别力以及抵抗力。

一个实验看清:你的孩子在未来取得成功的潜力的大小

20 世纪 60 年代,著名人格心理学家、具有"自控力之父"荣称的沃尔特·米歇尔(Walter Mischel)教授带领科研人员在斯坦福大学附属幼儿园进行了一项长达半个世纪的心理学实验,叫棉花糖实验。

棉花糖实验以幼儿园的孩子为研究对象,探索自控力与儿童日后的学业成绩、长大后的生活幸福度及成功的相关性。实验获得的第一项结果是,自控力,尤其是孩童期间的自控力,对一个人的未来有着极大的预测性。

研究人员先让孩子们从棉花糖、曲奇饼、小脆饼、薄荷糖等甜品中选择一样自己喜欢的。等孩子们选完后告诉他们,如果现在吃掉的话就只能吃这一个,如果等 20 分钟之后再吃掉的话,就可以多得一个。

等孩子们做出自己的选择后,科研人员退出了实验室,通过监

控观察孩子们的行动。实验的第一项结果显示,一部分孩子抵制住了诱惑,获得了双倍奖励;另一部分孩子忍不住吃掉了自己选择的甜品。

科学家们对这项实验追踪调查后发现,幼儿期能够抵御眼前诱惑,也就是自制力强的孩子,高考成绩更高,青春期的认知能力和社交能力也更强。人到中年时,身体健康状况更好,社会地位、财富收入更高。抵挡不住诱惑而吃掉甜品的孩子,肥胖或染上陋习等概率更高。

如此可见,如果一个人的成长过程相对稳定,没有遇到较大波折的话,那么通过他幼年时的一些表现,就可以预判他未来取得成功的潜力大小。

实验获得的第二项结果是,**自控力是每个人都可以培养和习得的技能**。

并非人人生来就有很强的自控力,就连作为自控力研究先驱的米歇尔教授都认为自己的自控力很差。米歇尔少年时期就开始抽烟,等他慢慢意识到抽烟对自己的健康造成的危害时,发现自己已经戒不掉了。随后的很长一段时间都深受烟瘾之苦。

实验获得的第三项结果是,**培养孩子自控力的关键是让他清楚地认识到诱惑带来的后果**。

后来,米歇尔教授终于戒掉了长达几十年的烟瘾。某一天,他在斯坦福医学院的走廊里看到了可怕的一幕:护士正推着一个深陷在轮椅里的男人,这个男人眼睛睁得大大的,空洞地盯着天花板。米歇尔回忆道,绿色的记号布满了他裸露的胸膛和剃光了的头顶。他当时被这一幕震惊了,呆呆地站在走廊里,脑海中关于吸烟后果的生动图像久久无法散去。自此,每当他想要抽根烟,眼前就会浮现在医院走廊里看到的画面,烟草从让他无法自拔的东西变成了十分厌恶的东西,之后他再也没有抽过一根烟。

米歇尔成功戒烟的过程恰好印证了后来他在棉花糖实验中教孩子们抵住诱惑的方法——清晰地认识到诱惑带来的后果。

自控不是让孩子硬抗,也不是靠父母叮嘱,而是运用策略抵住诱惑。对于孩子来说,有三种方法可以有效地帮助他们认清诱惑的后果。

方法1:画一个跷跷板进行比较。

为了便于孩子理解,我们可以画一个跷跷板来帮助他们思考和比较,比如,玩游戏 VS 学习(图6-1)。

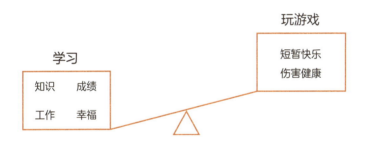

图6-1　玩游戏 VS 学习跷跷板

画好一个跷跷板后,在跷跷板的左边填入学习带来的结果,右边写上玩游戏带来的结果,让孩子自己进行比较,他们常常会发现未来目标的价值更大。有了这样的比较经历后,孩子再次面临诱惑的时候,就不至于马上做出选择,而会想想曾经用跷跷板进行比较的情景。

方法2:用双气泡图进行对比选择。

孩子的人生经历有限,大脑中并没有理清需要做的事与诱惑之间理性直观的区别。双气泡图不仅可以锻炼孩子的思维,还可以使孩子通过对比分析让头脑冷静下来,避免错误的选择。

比如说我一位朋友的孩子,在上六年级时,他有一段时间沉迷于画画无法自拔,每次做作业都要进行激烈的思想挣扎,结果多半被眼前的诱惑打败,于是妈妈和他一起画了一个双气泡图,一边是画画,一边是学习(图6-2)。

图6-2 双气泡图的对比选择

这么一对比,这个孩子还是觉得提高成绩更重要,从此他就能战胜画画的诱惑了,一段时间之后学习成绩得到了显著的提高。

方法3:转移关注点。

棉花糖实验被引起关注后,研究人员又进行了相关研究,他们发现,在实验中拿到甜品后,一直盯着它看的孩子,更容易动摇,等不到20分钟就把甜品吃了。而不去看甜品的孩子,则更容易坚持到最后。这说明,转移孩子的注意力,也能帮助孩子抵住诱惑。

另一项针对成年人减肥的实验也表明，把诱惑从眼前移开，就不容易被诱惑打败。调查研究发现，把巧克力放在桌面的人，更容易吃掉巧克力，而把巧克力放在抽屉里的人，则不容易吃掉巧克力。经过一段时间的观察，后者吃掉巧克力的概率只相当于前者的 1/3。

也就是说，我们在平常跟孩子相处的过程中，用这种方法也可以帮助孩子提升自控力。比如说孩子在做作业的时候，想着玩玩具，那么就尽量把玩具放在暂时看不到的地方。这一个小小的细节，就能使孩子们抵抗住诱惑的概率大大增加。

所以，如果不想让孩子看电视，客厅里就尽量不要放电视，避免给孩子增加诱惑和负担。可以把一些好书替代电视放在他们举手可得的地方。同时，书桌上如果不放与学习无关的物件，将更有助于孩子集中注意力学习。

点燃孩子的"小马达"，激发孩子的学习动力

小恩和肖肖同是五年级的学生。

小恩在学习中只要遇到一个不明白的知识点，就会主动查阅资料，请教老师，他会持续深入地探索。他还会积极地寻找更有效的学习方法，并将其应用到学习实践中。而且，小恩似乎从来都不怕困难，遇到难题时他从来不会轻易服输，而是勇敢克服。也许正因为如此，他在学习上遇到的问题反而越来越少，学习成绩一直很不

错。父母很少为小恩的学习操心。

肖肖在学习上只看重眼前的结果，用他的话说就是每次考试只要保证分数不要差到招致父母责骂就行。因此，只要达到了父母要求的学习标准，他便没有兴趣再继续学习了。父母感到很无奈，以前爸爸还会用奖励来刺激他好好学习。但是多次使用奖励之后，他渐渐发现，这种方法对肖肖学习的激励作用越来越小。肖肖在学习上还有一个明显的特点是，如果他感觉即将失败，或成功的可能性比较小时，就很容易彻底放弃，不愿意做任何努力。

所以，看起来都在学习，两个孩子的学习效果却是西瓜与芝麻的差距。造成这种现象背后的一个关键原因就是孩子的学习动力不同。

孩子的学习动力来自哪里？

孩子的学习动力，也叫学习内驱力，来源有两种：一种是为了取得外部的激励，比如奖励、分数、避免惩罚、胜过别人等，即外在学习动机；另一种是源于兴趣或学习行为本身带来的满足感，它单纯地存在于个体内部而非依赖于任何外部力量的驱动，是孩子内心自发产生的动力，即内在学习动机。

美国著名认知教育心理学家奥苏贝尔（David Pawl Ausubel）将孩子的学习动力分为三种类型：认知内驱力、自我提高内驱力和附属内驱力。在这三种内驱力里，只有认知内驱力是内在学习动机，其他两种都是外在学习动机。

- **认知内驱力**：学习的动力源于兴趣。

每个孩子生来就有好奇心,受好奇心驱使,孩子会不断地探索新鲜事物,获取自己感兴趣的知识和技能。如果在小时候,这种由兴趣引发的认知学习经常得到认可和鼓励,那么孩子的学习内驱力就会不断得到强化,就会不断驱动自己持续热爱学习。

反之,如果我们对孩子千奇百怪的问题总是不耐烦地应付:"哪来的这么多为什么呀?你是十万个为什么吗?"或者逼迫孩子学习他并不感兴趣的东西,那么孩子的好奇心就会遭受压制,甚至丧失好奇心,对学习提不起兴趣,以至厌学逃学。

● **自我提高内驱力**:孩子学习的动力来自外界环境的正向反馈,也就是别人的认可和肯定。

前面提到过,球球刚上一年级的时候,由于腕力不足,写出的字歪歪扭扭,写起来还非常吃力。写字速度降低了他写作业的积极性。在学校只要发现球球有一点进步,任老师都会及时地鼓励他。有一段时间,我去接球球放学时经常会发现他乐呵呵的,仰着小脸很自豪地告诉我:"妈妈,老师今天说我的字又有了进步。"在家里,我和爸爸也经常鼓励他。就这样,球球的字写得越来越规整,再加上他的腕力越来越强,写字速度也越来越快。在我们的鼓励下,球球在学习上的自我要求越来越高,每天都会及时自觉地完成作业,对学习也越来越有兴趣。有一天,班主任跟我说,球球跟一年级时相比,进步太大了,简直判若两人。球球能有这么大的变化,与外界的正向反馈是分不开的。

自我提高内驱力虽然属于外部动力,但是可以内化为内驱力。比如球球通过正向反馈激发了学习兴趣。

● **附属内驱力**:一种依赖于某些条件的驱动力,比如成年人给孩子制定学习目标,只要达成就可以获得一定的物质奖励或者表扬。于是,孩子养成了一种为了获取认同和奖励而做事的心理。一旦外部奖励条件消失,孩子便没有了学习动力。不但如此,更严重的是,经常依赖于附属内驱力的孩子,会特别在意别的评价,即使长大成人,也会因为过度在意别人的看法而让自己内心负重前行。我们每个人都有权利按照自己的意愿过好这一生,没有什么事情值得内耗。所以,尽量减少孩子的这种被动内驱力。但是,并不是说完全不能使用奖励,巧妙的奖励也可以成为我们培养孩子内在学习动机的好帮手。使用奖励的技巧,将在下一节详细介绍。

学习动力决定学习态度

不同的学习动机反映出截然不同的学习态度:主动学习 VS 被动学习。小恩与肖肖不同的学习动力决定了他们截然相反的学习态度:小恩属于主动学习型,肖肖则属于被动学习型。

主动学习型的孩子,完全是发自内心的,是自愿自律型的,是出于内在需求而做的。比如说,想了解地球环境变化主动上网搜索信息,这是好奇心;为了了解更多的明朝知识,去翻历史书籍,这是求知欲;想比上次考得更好,便拿出更多的时间来用在学习上,这是上进心。他们学习不是为了获得什么奖励,也不是为了躲避家长的惩罚,就是想这么做,仅此而已。可以说,学习行为本身就是孩子的目的。

被动学习型的孩子,就像牙膏,不挤不动。家长催一催,挤一挤,他才动一动。这样的孩子内心的念头是:如果考试成绩不好,爸爸妈妈会生气,所以我得好好复习;考 100 分,爸爸就会给我买玩具,所以我要好好学习;只要我考第一名,妈妈就会带我去游乐园,所以我得赶紧复习;等等。

脑科学研究表明,与被动获取信息相比,当我们主动探寻信息时,大脑的神经元要活跃10倍。也就是说,被动消极的学习,学习效果就会大打折扣,相当于主动学习效果的十分之一左右。所以,同样是学习,长此以往,不同孩子的学习效率产生的差距可以说是云泥之别。

"你打算怎么做?"培养主动学习的孩子

孩子要是自己能够主动努力学习该多好啊!恐怕这是所有父母的共同愿望吧!

其实,激发孩子的内在学习动机,培养他主动学习是有方法的。

心理学中有一个著名的理论叫作"自我决定论"。其指出人类依靠归属感、自主感、胜任感的满足来增强内在动机,以及促进外在动机转化为内在动机。

换句话说,培养孩子内在学习动机的关键是,培养他的"三感",即自主感、归属感和胜任感。要培养孩子的自主动机,我们要做协助孩子学习的支持型父母,不要做监管孩子学习的监工型父母。因为支持型父母给孩子"三感",激发孩子源源不断的学习动力,而监工型父母令孩子丧失"三感",失去学习动力。

(1)培养孩子的自主感。

要想让孩子拥有自主感,一个有效的方法就是给孩子能够自己做选择和决定的感觉,多给孩子自由选择的机会。

比如,孩子放学回来,小恩的妈妈会问他:"你是想先玩半小时后再写作业,还是现在就写作业呢?"而不是说:"赶紧去写作业吧!"给孩子一定自由选择的权利,他就会非常高兴,因为做作业的权利可以自己决定了。自主权得到满足后,做作业的动力就会大大增强。

在孩子做作业的时候,我们也不要总是对孩子指手画脚,时不时告诉他应该这么做,不应该那么做。在小恩学习的时候,妈妈经常拿一本书坐在旁边跟他一起学习。小恩上三年级后,妈妈还会在他学习的时候有意识地淡出他的视线,让他自己思考,自己决定怎么做。妈妈跟小恩约定好,无论在学习中遇到什么问题,都要等到学习结束的时候再问妈妈,不要遇到一个问题就问一个。

除此之外,妈妈还让小恩自主选择文具。这也是激发孩子学习动力的小诀窍。让孩子自己选择文具,虽然是一个很不起眼的小动作,却可以让孩子的自主权得到满足。我们自己也有这样的经历,比如我们买了一个心仪的瑜伽垫,就会迫不及待地想要开始练瑜伽。

平常多跟孩子说一些类似这样的话"这件事你打算怎么做呢?""这件事你是怎么看的?"也会让孩子拥有自主感,从而激发他的学习动力。

总之,做什么,什么时候做,以及做多少,怎么做,能让孩子自己决定的尽量让他自己决定。

(2)培养孩子的归属感和胜任感。

归属感就是孩子感受到被接纳,胜任感就是孩子拥有"我能行"的信念。我们在第四章的自我肯定感和自我效能感中详细介绍过。

简而言之,要想让孩子拥有归属感,平时要就事论事,不要随意评判孩子。同时,经常向孩子表达"无论考试成绩怎么样,我们都爱你""爸爸妈妈爱你,跟你的学习没有关系""我们批评你,跟爱不爱你没有关系"之类的话。让孩子感受到爸爸妈妈的爱和接纳。

在日常生活中,我们要给孩子创造条件,让他获得成功体验,从而获得胜任感。平时力所能及的事情应该让孩子自己做,比如做整理房间、丢垃圾等家务活。孩子在做家务的过程中获得的胜任感一样可以转化为学习内在动力。

小恩的妈妈就是从"三感"入手培养小恩的学习内驱力的,让小恩成了一个具有源源不断的学习动力的孩子。

那些沉迷手机的孩子,最主要的原因就是没有学习动力。要想让自己的孩子远离手机"枷锁",回归学习,并且在学习中迎难而上,愿意主动探索高效的学习方法,家长和老师需要从孩子的"三感"入手,激发孩子内在的学习动力,只有这样才能让孩子从心底爱上学习。

 提升自制力,让孩子学习时变得一心一意

有的孩子在学习的时候,能克制住想玩耍、想看电视的欲望,不做任何与学习无关的事情,就只专心在学习上面。对于这类孩子来说,学习就只是学习,因此他们的学习效率很高,成绩很好。我们都能够想象到,这些孩子如果一直这样坚持下去,一定会考上理想的学校,找到理想的工作,向着理想的人生一步步迈进。

而有的孩子在学习的时候,一手托着头,一手转着笔,一会儿要喝水,一会儿又要上厕所。这类孩子兼顾着很多其他与学习无关的事情,结果效率低下,虽然也花了时间,却不见成绩。

两种类型的孩子最大的差别在于是否有自制力,前一种孩子具有很强的自制力,后一种孩子则缺乏自制力。

自制力是学霸与普通学生之间拉开差距的重要因素之一。

作为家长,我们都希望孩子能够"学的时候好好学,玩的时候好好玩"。要想让孩子做到这一点,就需要提升他的自制力。

斯坦福大学的自制力训练法

斯坦福大学备受赞誉的心理学家凯利·麦格尼格尔教授曾经在斯坦福大学继续教育学院,面向社会公众开了一门"自制力科学"的课程。

在第一次开课的时候,听众就纷至沓来,由于人数太多,他们不得不换了四次教室,才为前去听课的人提供了足够的座位。"自制力科学"很快成为斯坦福继续教育学院迄今为止最受欢迎的课程之一。凯利教授回忆道:"斯坦福大学最大的一间阶梯教室里挤满了企业高管、运动员、教师、医疗保健人员。"可见,意志力薄弱是人之常情,不单单是孩子。

但是就像肌肉可以通过锻炼增强一样,自制力也可以通过训练得到提升。神经学家发现,人类的大脑通过训练能够增强自控力。大脑越用越聪明,越用越灵活。如果我们每天学数学,大脑就会越来越擅长数学;如果我们每天充满忧虑,大脑就会越来越忧虑;如果我们每天锻炼专注，大脑就会越来越专注。

另外，神经学家们还发现，仅仅做一件简单的事——冥想，就能让意志力获得很大提升。换句话说，如果我们经常让大脑冥想，它不仅能变得更加擅长冥想，还会提升我们的意志力，让我们集中注意力，更好地管理压力、克制冲动和提升认识自我的能力。因为冥想会使我们的大脑前额叶皮质和影响自我意识区域里的大脑灰质增多，让我们变得更加理性专注；有韵律的冥想还可以激活血清素能神经，使大脑保持清醒、心神安定、充满活力，会让我们变得更能抵制住诱惑，也更能提高工作与学习的效率。

研究发现，经过仅仅累积3个小时的冥想，我们的注意力和自控力就会大幅度提高。11个小时后研究人员已经能够观察到大脑的变化。另一项研究则发现，持续8周的日常冥想训练，可以提升人们日常生活中的自我意识，相应大脑区域里的灰质也会随之增多。

所以如果我们想要提升孩子的自制力，可以跟孩子一起在家冥想，充分挖掘孩子的大脑潜能。

凯利·麦格尼格尔教授就非常推荐他的学生们使用冥想的方法来训练大脑，增强意志力。这是一种和孩子在家就能进行的头脑训练法。

人人都能做的简单冥想，花三五分钟就可以提升孩子的意志力

一提到冥想，可能很多朋友都会摇头，因为他们会觉得进行冥想需要很强的定力，对孩子来说会比较难。事实并非如此，并不需要孩子像坐禅那样，达到无我的境界；只需要孩子每天进行3～5

分钟,不需要非常严格的形式。

具体做法是:

(1)找一个舒适的姿势,安静坐好。

- 坐在椅子上,双脚平放在地上。
- 背挺直,双手放在大腿或膝盖上。

小提示:冥想时,保持平静,不要烦躁,这是自制力的基本保证。

(2)注意呼吸。

- 闭上眼睛或者盯着某处看,比如盯着一面白墙。
- 关注呼吸,吸气的时候心中默念"吸",呼气时脑海中默念"呼"。

小提示:在冥想过程中如果发现有点走神,也是正常的,只要重新将注意力集中到呼吸上就可以了。

(3)感受呼吸。

- 几分钟后就可以不再默念"呼"和"吸"了。
- 感受空气从鼻子进入和从嘴巴呼出的感觉。
- 感受吸气时胸腹部的扩张和呼气时胸腹部的收缩。

小提示:如果觉得很难重新集中注意力,就在心中多念几遍"呼"和"吸"。

冥想是我跟球球几乎每天都进行的一项头脑训练。用这种方法,球球的专注力和意志力都得到了明显提升。

从球球5岁开始,我就带着他一起冥想。刚开始,小孩子根本没什么兴趣,也无法做到5分钟,我们是从1分钟开始的。等到他能专注冥想1分钟的时候,再增加到2分钟、3分钟……5分钟。一直到现在,如果哪天我忘记了冥想,球球会提醒我;我实在没有时间的话,他自己进行。

以下几个小技巧能够帮助孩子像球球一样喜欢上冥想。

● 设置冥想结束的提示音。铃声由孩子自己选定,增加他的参与感。每次冥想时间到、提示音响起时,孩子就会很有成就感,家长可及时给予鼓励,这对孩子来说是很好的心理激励。

● 冥想并不仅仅限于端坐在椅子上,盘腿坐在床上。当孩子感到累的时候,也可以四肢舒展地平躺在床上进行。这样能够增加冥想的乐趣,有助于孩子坚持下去。

● 刚开始,要多给予孩子鼓励,孩子不想冥想的时候,就先暂停一次也无妨,不要强制或者指责孩子。

对孩子来说,哪怕进行1分钟的冥想,坚持下去,效果都是非常明显的。在陪伴孩子冥想的过程中,建议家长跟孩子一起进行。不但能够给孩子做好榜样,也能避免让孩子感觉这是一项任务;不但能让我们自己的大脑得到很好的锻炼,也能帮助我们更加专注地投入工作,安心当下的生活。

家长朋友们,无论孩子目前能不能专注学习,都跟孩子一起开始这项几乎不需要花费什么成本,又非常有效的头脑训练法吧!

用对奖励和鼓励,让孩子的学习保持长久干劲儿

除了多给孩子自主选择的机会外,小恩的妈妈在平时还会使用另一种培养孩子内在动力的妙招——鼓励。

多鼓励孩子也能激发他的内在学习动力。但是在鼓励之前,对

于很多孩子来说,往往需要借助奖励。因为如果说前面教孩子抵住诱惑,是让他在面对诱惑的错误路口及时刹车,悬崖勒马,那么培养孩子的"三感",激发他的内在动力,就是让他在正确的道路上持续不停地跑下去。但是在静止与持续奔跑之间,还需要起跑,要让孩子能够跑起来才行。奖励可以实现这个目的。

从外部环境——奖励入手,激发孩子的动力,助力他在学习的道路上先跑起来。奖励激发的是孩子的外在动力,所以孩子跑起来后,需要逐渐地用鼓励替代奖励,将外在动力转化为内在动力。遵循由外及内的动力培养顺序,是让孩子走上自主学习之路的必经之路。

改变外部环境,从外在转向内在的原则是教育的黄金原则。

 巧用奖励,助力孩子在学习的路上起跑

不少家长问到底应不应该对孩子使用奖励,用多了担心孩子习以为常,不用又感觉无计可施。其实奖励是把"双刃剑":用好了是蜜饯;用不好,对孩子来说,它就是个利剑。所以,怎么用是关键。

对于像小恩这样已经拥有学习动力的孩子,能不用奖励就不要用奖励,因为奖励激发的是孩子的外在动机,如果孩子已经有了内在学习动机,再使用奖励会损伤孩子的内在动机。

像肖肖这样暂时还缺乏内在动机的孩子,利用奖励激发孩子的外在动机,不失为一种不错的方法。因为学习是一条充满艰辛与困难的路,对于很多孩子来说,他品尝到了玩游戏的刺激与快感之后,很难接受学习的苦。或者有的孩子,在学习当中,一想到学习的辛苦,就容易打退堂鼓。这个时候适合先使用奖励,吸引孩子

"跑起来"。

在培养孩子某项技能或内在学习动机的过程中,我们无法控制孩子的学习行为,但是通过改变外部环境——奖励的方法——促使孩子开始行动却易于操作。从改变环境而不是改变孩子开始。

我们使用奖励最终是为了培养孩子的内在动机,它只是一个过渡阶段的桥梁,为了达成最终目标,我们在使用的过程中需要注意几个使用小窍门。

窍门1:奖励的力度要小。

在奖励孩子的时候,如果用贵重的物品作为奖励,比如用名牌衣服、贵重手机等来驱动孩子学习的话,不但会给家庭造成经济负担,对孩子的内驱力培养也很不利。时间久了孩子会想要更大的奖励来获得刺激。而且一旦哪一天父母说没有礼物了,孩子会有这样的反应:没有礼物,那我就不学了。这样会让父母更加无计可施。

为了避免这种情况的发生,一开始奖励力度就要小。对于小学生来说,一本书、一支笔、一个笔记本或孩子平时期待的其他物美价廉的小物品,都足以激发他们的动力。所以,要以便宜的小礼物为主,这样才会发挥更长久的激励作用。

窍门2:控制好奖励的频次。

奖励是把"双刃剑",要尽量用在关键节点上,比如孩子看起来实在没什么动力学习的时候。千万不要把奖励当作万能钥匙,动不动就给孩子奖励。因为我们奖励的最终目的是让孩子在没有奖励的情况下也能把事情做好。为此,需要让孩子在学习的过程中意识到,自己做这件事除了能获得奖励,还能获得其他的意义,比如胜任感、认同感。如果能让孩子达到这种状态,那么他们在学习的时候,就不会单单为了奖励,而是精神上的动力驱动他们前进。

窍门3:减少奖励的次数。

在孩子学习的过程中,要逐渐减少奖励的频次,淡化孩子对奖励的意识,逐步用鼓励代替奖励。

为了让孩子感受到一件事奖励之外的意义,父母在减少奖励频次的同时,应该加大鼓励的频次。鼓励会让孩子产生胜任感,他就不会轻易放弃。随着孩子做一件事慢慢成为习惯,就要逐渐减少奖励,直至没有奖励,只有鼓励,这样才能让孩子的外在动机转化为内在动机。

奖励不是洪水猛兽,但也不是万能钥匙,只要掌握好这三个使用窍门,就能激发孩子的学习动力。等孩子有了外在动机后,父母再多鼓励孩子,帮助他内化动机,完成学习这场"马拉松"。

孩子起跑后,用鼓励代替奖励,助力他长跑下去

鼓励是激发孩子内在动力的好办法,它的长期效果在于能让孩子获得自信和长久的学习动力。就好比给一辆奔跑的车提供持续不断的动力一样。

需要注意的是,要将鼓励与表扬区分开。

鼓励是以孩子为中心,关注的是孩子的努力过程。以下句子属于鼓励:"你尽力了!""你对你的成果感觉怎么样?""感谢你的合作,谢谢你的帮助!""100分反映了你的辛勤努力!""从这件事中你学到了什么?"

表扬则是为了表达自己的评价,关注的是孩子的聪明和成绩。以下句子属于表扬:"你做的很对!""我喜欢你的做法。""你真

是个好孩子！""我为你得了 100 分而感到骄傲！"

　　鼓励是以尊重的、欣赏的态度启发孩子看到自己努力的过程以及可以改进的地方，它会让孩子们为自己而改变，让孩子觉得自己是有价值的，无须他人的认可。而表扬是以具有操纵性的态度表达自己对孩子的评价，它会让孩子觉得只有获得他人的认可时，自己才是有价值的，使孩子依赖于别人的评价，总是想要寻求别人的认可。

　　心理学家卡罗尔·德威克曾经做过一组实验，他让一组五年级的学生每人解一道谜题。在解开谜题后，有的学生被表扬很聪明，有的学生则被鼓励努力、认真。然后研究人员让这些学生选择另外的题目，可以选择与上一次难度相同的题目，也可以选择更难的、需要他们付出更多努力，能够学到更多东西的题目。

　　实验结果显示，多数被表扬聪明的学生选择了简单的题目，90% 被肯定努力的学生选择了困难的题目。

　　这是因为当被夸奖聪明、智商高的时候，孩子就会感受到这样一种信息——被人看作聪明很重要。而聪明是他们无法掌控的东西，所以被夸聪明的人只愿意挑选那些自己有信心做到的事情，因为这样能够让他在别人面前表现得很聪明。因此，孩子会一次一次地重复自己擅长的东西。表扬孩子实则是将孩子置于失控的状态，对于他们应对失败来说没有什么好处。

　　而被强调努力认真的孩子，则会有掌控感，因为努力的过程是他们自己说了算的事情。他们的目标就会是不断努力并提高自己的能力，他们就会选择难度不断加大的挑战，而且他们不害怕失败，愿意把错误和挫折理解为成长的机会，从而集中注意力解决问题。

简单而有效的"鼓励三句式"

小恩的妈妈因为意识到鼓励对培养孩子内在动力的重要作用,所以她特别注意对孩子说一些鼓励的话。

妈妈经常用到三句简单又有魔力的鼓励句式,分别是:

(1)"妈妈注意到……",比如小恩开始自主学习后,她会说:"妈妈注意到,不用我提醒,你自己就能写好作业。"

(2)"我相信……",比如鼓励小恩勇敢做出决定的时候,妈妈会说:"脑袋长在你自己的脖子上,我相信你有自己的判断。"

(3)"谢谢你……",这是一句能够让孩子深深感受到归属感的魔法句。每当小恩跟妈妈一起做了什么事情,妈妈都会说"谢谢你帮助我"或"谢谢你的合作"。

小恩妈妈和肖肖妈妈面对同一情况时,对孩子的不同回应方式见表6-1。

表6-1 同一情况下,小恩妈妈和肖肖妈妈对孩子的不同回应

情景	小恩妈妈(鼓励)	肖肖妈妈(表扬)
孩子拿回考100分的卷子	你付出努力了,你该得到它	考100分你会得到一个很大的奖励
孩子足球比赛获胜	你一定会为自己而感到骄傲	我为你而骄傲
孩子做错事承认错误	你对此感觉如何?	你这么听话,我很高兴
孩子解出一道难题	你自己就找到了解决问题的方法	我喜欢你所做的
放学后,孩子想先学习	你能决定什么对你来说是最好的	这才是好孩子嘛
孩子改正错题之后	我相信你可以从错误中学习	好棒,真懂事
孩子表现好的时候	不管怎样我都爱你	你真是一个好孩子

两位妈妈不同的回应方式造成了两个孩子不同的学习动机。请像小恩妈妈一样灵活运用"鼓励三句式"多多鼓励孩子吧!

智慧放手,让孩子为自己的学习独立负责

前面我们讲如何点燃孩子的"小马达",如何培养他的学习内驱力,都是为了在我们放手后,孩子有能力为自己的学习负责。可真需要放手的时候,很多家长摇摇头:"哪敢一点都不管啊,管着还能学点,要是放手,孩子还不得天天吊儿郎当的啊!"

其实这些家长的担心是正常的,因为如果缺乏目标,仅仅只有内驱力的话,孩子的学习容易丧失干劲儿,有目标才会有干劲儿。或者说,目标与内驱力根本就是相辅相成的,孩子因为有了目标,才会更有内驱力;有了内驱力,才会实现目标。就好比,有了远方的灯塔,航船开足马力驶向远方才有意义,即便遇到黑夜,也能保证航向正确。反过来,有了足够的马力,远方的灯塔才能到达;否则也只能隔海相望,望洋兴叹。

我们说放手,不是一下子什么都不管,而是一步一步地退出孩子的学习陪伴,而且在完全放手之前家长们一定要做的一件事,就是保证孩子有学习目标,也就是让孩子知道自己为了什么而学习。

学习有目标,才会有干劲儿

果果今年上五年级,是我家楼下邻居的孩子。每到周末,小区

里的孩子们都会争先恐后地跑到楼下玩。但是上午从来不见果果的身影，她一定是自己先在家把作业做完，把房间整理一遍，下午才会出去找朋友们玩。大家都知道，果果的爸爸妈妈工作都非常忙，平时很少有时间陪她，更不会监督她的学习。有一次在小区里遇见果果的妈妈，大家纷纷向她请教怎么能让孩子对自己的学习这么独立负责。通过跟果果妈妈交流，我发现她表面看起来没有管孩子，但是在激发并强化果果的学习目标感这一点上，她一直没有放松对孩子的培养。不是不管，而是非常智慧地管。

我还曾经遇到过一个非常优秀的中科院博士生，他向我讲述了他的学习经历。他说从小母亲就一直教导他，无论上什么课都要认真听讲，否则就是对老师的劳动成果不尊重。他将母亲的这句话牢记在心里，并且作为学习的准则。不过到了初二他突然产生了深深的迷茫感，他不知道自己到底是为了什么而学习。缺乏学习目标导致此后的整个初二学年，他都对学习提不起干劲儿。虽然他很羡慕为了考上重点高中而一直努力的同学们，也为自己的学习担忧，但是相对于眼前的小目标，他失去的是更为本质的东西——学习目标，他不明白自己到底在为了什么而学习，所以无论如何也提不起学习的兴趣了。

好在那年暑假，学校组织到中科院研究所的实验室参观，这让他偶然发现，自己非常喜欢需要专心致志钻研的研究类的职业方向。想明白这个问题后，他甚至觉得连实验室里弥漫的药品味都是自己喜欢的味道。他想做科研，而现在的学习就是为了给将来从事自己喜欢的职业打下基础，这样一想，他就完全从消沉的情绪中走了出来，全力投入学习中。后来，他一直读到了中科院的博士。

随着孩子的成长，他的自我意识会逐渐增强，他会从各种角度去思考学习的目标和人生的追求。这时候,如果缺乏学习目标,容易导致孩子对现状和未来充满迷茫,从而失去学习热情。这样的学生不在少数。别说青少年,就是很多著名高校的硕士生、博士生,被家长一路监管,到了该自己做选择的时候,因为学习目标缺失而失去了奋斗方向和动力的情况也比比皆是。这样的学生,看到别的同学做科研,他也做科研,看到同学毕业出国深造,他也出国,虽然有的学业成绩也不错,但你在他的眼里看不到光。这样的学生遇到一点困难就容易抱怨。而有的同学则有非常坚定的目标,知道自己的每一步是为了什么,这样的学生坚韧、灵活,眼里有光。

学习有目标后,才会有干劲儿。著名球星科比·布莱恩特曾说过:"成为最伟大的球员之一,是我持之以恒的内在渴望,我的训练从不需要任何外部力量的刺激。"

⭐ 让孩子听了越来越独立的说话技巧

很多家长认为,孩子考出了好成绩,就要好好表扬,这样孩子就更高兴,以后也会更加努力学习。于是就说一些诸如"好棒""真不错"之类的话。

还有很多家长在潜意识里就有这样的想法:孩子在学习上犯了错,就要狠狠批评他一番,只有让他感觉糟糕,才能长记性,这样以后才能知道好好学习考个好成绩。

其实无论是表扬孩子,还是批评孩子,都不是让他的学习变得更好、更独立的有效方法。因为孩子做得好,表扬他"真棒"等,只是强调结果,这个结果没有可复制性,不会让孩子对学习更加努力;因为犯了错而劈头盖脸地批评孩子,会让孩子感觉糟糕从而降低他的自尊心，对孩子的学习也没什么好处。

为了让孩子的学习更加独立，我们可以采用以下说话技巧：

第一步：客观描述。找到孩子取得进步的行为、孩子成长进步的过程以及孩子需要改正的地方，用客观语言向孩子描述一遍。

第二步：表达感受或建议。向孩子表达我们自己的感想、建议等。

第三步：总结或表达期待。孩子做的好的时候，以总结的形式对孩子的进步加以肯定，附加感谢孩子的语言；孩子犯错的时候，表达自己对孩子的信任和期待。

比如，看到孩子独立完成了作业，很多家长会说："真不错，自己独立完成了，下次继续加油啊！要是一直这么懂事，妈妈得有多省心啊。"利用说话技巧，我们可以这么跟孩子说："你在这次作业里，把以前不擅长的'鸡兔同笼'的问题都做对了。我看到你用流程图认真地做了分析（客观描述）。如果你继续将八大思维图示法用在学习中的话，相信你的成绩还会继续提高（表达建议）。看到你善于为自己的学习找方法，能够独立解决问题，妈妈感到很开心，谢谢你的独立（总结）。"

孩子成绩下降的时候，很多家长可能会说："让你认真点，你不听，考砸了吧！下次如果再不认真，考得更差。"利用说话技巧，我们可以这么跟孩子说："这次考试成绩下降了20分，我看到你的卷子上有几道题是因为粗心导致失分的（客观描述），妈妈感到有些失望，下次考试的时候可以把分析过程写在草稿纸上，答完题再回来检查一下（表达感受和建议）。我很希望你在以后的学习过程中可以再认真一些，妈妈相信你能做到（表达期待和信任）。"

其实我们在平时跟孩子的交流中，倒不一定必须严格按照这三步，只需要记住看到孩子的努力过程，并描述事实，表达感想或建议就可以让孩子的学习越来越独立了。

⭐ 战胜我们自己内心的敌人

能够读这本书的家长肯定是关注孩子学习的父母，也许我们已经意识到了一个问题：讲到让孩子为自己的学习独立负责，我们自己心里先打起鼓来，担心孩子做不到。所以平时才会耳提面命孩子要好好学习。只有看到孩子按照自己的期待坐下来学习的时候，心里才能踏实。

但是，到底是让我们自己心里踏实重要，还是选择信任孩子，让他为自己的学习独立负责重要呢？我认为，如果我们能够战胜自己心里的敌人，不为了让自己心里踏实而监督孩子学习，而是努力激发孩子的目标感，提升孩子的学习内驱力，他一定会学会为自己的学习独立负责。

每个孩子都想做好，慢慢放手给他时间成长吧！

第七章

让孩子对待学习，像奥运冠军一样坚韧且有耐性

学霸凭什么优秀：天赋还是努力？

"我家孩子天赋好，将来没准儿能考个好大学。""唉，我家孩子看起来没什么学习天赋，真担心他以后考不上好学校。"以上是家长中常见的两种潜在思维模式，你属于哪一种呢？

一群同龄的孩子玩耍时，我们可以发现有的孩子发育早些，有的孩子发育晚些。即使对于同一家庭，家庭环境和父母的教育方法都一样，兄弟姐妹之间的心智差异也很明显。基于这些事实，家长认为孩子有或者没有学习天赋是自然而然的事情。

无可否认，人与人之间存在先天遗传差异，即我们常说的天赋。有的孩子生来智商高一点，有的孩子情商高一点；有的孩子天生对音乐感兴趣，有的孩子则更喜欢画画……

尤其是3~12岁的孩子，天赋所造成的差异非常大，很多家长看到自己的孩子与别人家孩子的差异后就开始心生焦虑，担心孩子的未来。但实际上，家长们大可不必忧虑，有科学研究表明，在让孩子成绩优秀的影响因素中，天赋所占比例极低。

★ 成绩优秀的必要因素中，天赋影响极小

正如我们所知，奥地利作曲家、维也纳古典乐派代表人物莫扎特，是世界上最伟大的音乐家之一，他有着完美音高。大家都认为莫扎特的音乐成就来自天赋。但是鲜有人知道的是，莫扎特的父亲利奥波德·莫扎特本身就是一个小提琴演奏家和作曲家，由于从来

没有获得自己所渴望的成功，因此他便将毕生心血倾注在了莫扎特身上。从莫扎特 4 岁起，利奥波德便全职教他学习小提琴、大提琴及其他乐器。在莫扎特的音乐成长路上，正是父亲陪伴他投入了大量的长期艰苦训练，才使得莫扎特获得了举世闻名的成就。

人们以为音乐需要天赋，但研究表明，只要经过训练，人人都可以像莫扎特一样拥有完美高音。这是 2014 年东京的一音会开展的一项实验的结果，并且发表在了科学杂志《音乐心理学》上。

在这项研究中，研究人员招募了 24 位年龄为 2 ~ 6 岁的孩子，组织他们进行了长达数月的训练。他们每天给孩子们上四五节训练课，每节课仅持续几分钟，目的是教给他们如何通过声音来辨别钢琴上弹奏的各种各样的和弦。结果，最后每个孩子都被培养出了完美高音，并且可以辨别出在钢琴上弹奏的单曲的音高。

从很早开始，人们就普遍认为，一个人在某一行业或领域内能够取得成功一定是因为有天赋：成绩好的学生是因为有学习天赋，成为钢琴家和作曲家的孩子是因为有音乐天赋，数学家和工程师则因为从小有理科天赋，奥运冠军是因为有运动天赋……

但其实这是很大的误解。佛罗里达州立大学著名心理学教授安德斯·艾利克森（Anders Ericsson）博士针对体育、音乐、国际象棋、医学、军事等领域经过了 10 多年的研究发现，除了体育领域外，决定人们取得杰出成就的是持之以恒的努力，而天赋的影响极少。这是具有颠覆意义的观点。换句话说，成绩优秀是努力学习的产物，并不是靠某些天生的基因。按照安德斯教授的观点，也许只有体育等一些特殊的领域，才跟先天遗传有关系。

但是事实上，即便是在体育界，人们也不认同自己凭借的是天

第七章 让孩子对待学习，像奥运冠军一样坚韧且有耐性

赋，他们认为自己能够取得成功靠的是大量艰苦卓绝的训练。

曾10次入选NBA全明星阵容、联盟史上最伟大的三分射手雷·阿伦，在面对ESPN（美国娱乐与体育电视台）评论员说他是天生的三分王，具有三分射手的天赋时，他生气地说道："当人们说上帝赐予我杰出的禀赋，让我在比赛中完成漂亮的三分跳投时，那真是气死我了。我告诉这些人：'不要低估我每天付出的巨大努力。'不是一天两天，是每一天！问一问我的队友们，哪个球员在训练投篮时最为刻苦？他们的回答一定是我。"雷·阿伦高中时的篮球队的教练说他在高中时代的跳投并不比其他队友出色，甚至他的表现还很差，但是他不向命运低头，凭着勤奋练习牢牢掌握住了自己的命运。教练说："他一直在心无旁骛地刻苦训练，持之以恒地拼搏努力，使得他的三分跳投成绩如此出色，以至于人们以为他天生就是个杰出的三分射手。"

著名NBA球星科比·布莱恩特在接受采访时，记者问他："你为什么能如此成功呢？"科比反问："你知道洛杉矶每天早上四点钟的太阳是什么样子吗？我见过！"这句话激励了很多人。他的队友保罗·加索尔如此评价他："科比如此成功，而且还将继续成就伟业的重要原因，在于他对细节的高度重视。他总是跟我们说，如果你想成为更好的球员，就必须准备，准备，再准备。他对比赛的剖析完全在另一个层面上。"

无论是雷·阿伦还是科比，都是通过忘我的努力和长久的坚持才最终取得杰出的成绩，实现了目标的。如果说这世上真有天赋的话，那只不过是比别人多一些努力而已。

⭐ 让孩子看到并相信:持续努力比天赋重要

龟兔赛跑的故事中,乌龟正是因为认识到了自身的局限,所以才坚持不懈地奔跑,哪怕看起来有些笨拙,最终率先到达终点。在生活中有的人看到了努力的重要性,所以才会拼命努力,他们从不轻易服输;有的人则是天赋决定论,他们总觉得自己没有什么天赋,命运天注定,然后变得自暴自弃,彻底放弃努力。

安德斯·艾利克森博士提醒我们:"我们拥有更强大的力量来掌控自己的人生,但很多人从来没有意识到。"对于孩子们来说,他们完全有能力掌控自己的学习,可惜的是很多孩子并没有意识到。

我们一定要让孩子相信这一点:持续努力比天赋重要! 科学家们经过大量观察发现,相信努力决定论的孩子比相信天赋决定论的孩子,在学习方法和考试成绩等各个方面都要优秀一些。

认为"天赋决定成绩"的孩子往往感受不到努力的意义,他们害怕失败,不愿意去挑战困难,结果可想而知,学习三分钟热血。因此,我们一定要让孩子看到并相信——学习乃至人生都是靠不断努力,一点点成功的。

⭐ 在生活中,帮助孩子树立正确的价值观

如何才能帮孩子树立努力比天赋重要的价值观呢?其实方法很简单,就隐藏在我们的日常生活中。

首先,父母自己要以身作则,让孩子看到自己努力且认真生活的样子。我们的样子会潜移默化为孩子未来的样子!

其次，让孩子多接触到周围通过努力获得成功的例子，还可以让孩子看一些人物传记，从中获得榜样的力量。

最后，值得特别注意的是，在我们每天跟孩子交流时，无形中也传递着我们的价值观。所以，我们对自己使用的语言应心存敬畏，对孩子说话也要多加注意。在孩子的学习方面，少关注结果，多关注努力过程和学习品质，就可以有效帮助孩子树立正确的价值观。

以孩子考试取得了好成绩为例。

不当做法："考得好棒！""真是个聪明的孩子！"

其实这正是强化孩子价值观的好机会，可以从以下 12 个方面入手：

① 肯定努力：为了这次考试，你用功复习了，真的很努力。

② 肯定态度：在复习的时候，我发现你特别认真。

③ 鼓励坚持：这次考试挺难的，但你还是坚持下来了。

④ 启发思考：这个加试题得了满分，你是怎么想出来的呢？

⑤ 强调习惯：我发现你这次考试字迹很工整，这是个好习惯。

⑥ 激发勇气：这次应用题有点超纲，我看到你很勇敢地按照自己的理解做答了。

⑦ 强调细心：每一道应用题你都给出了清晰的分析步骤，看得出你是个细心的孩子。

⑧ 肯定责任心：这次复习，你还帮助同桌讲解难题，很有责任心。

⑨ 肯定领导力：这次考试前，你组织了几个同学一起复习，而且考得都不错，这就是领导力。

⑩ 肯定善良：妈妈看到你给没有上学的同学带了复习资料，

你很善良。

⑪ 肯定独立：你是一个很独立的孩子，因为无论复习还是准备考试用品，你都是自己进行，不需要妈妈帮忙。

⑫ 肯定信用：为了准备这次考试，我们说好每天只玩30分钟的手机。你说到做到了，这就叫守信用。

一个人在童年的时候认定自己是个什么样的人，就会用一举一动证明自己就是这样的人，所以千万不要随便评价和定义孩子，在日常的点点滴滴中培养孩子正确的价值观吧！

科学制定学习目标：打破"三分钟热度"的魔咒

上一章中，讲到邻居家的果果学习很自律，得益于妈妈恰当地培养她的学习目标。

关于目标，《银河补习班》里初中生马飞的爸爸马浩文是这样跟儿子说的："人生就像射箭，梦想就像箭靶子。如果连箭靶子都找不到的话，那每天拉弓还有什么意义？"

找到了"箭靶子"的果果，学习和生活都充满了干劲儿。还有一些孩子，跟果果正好相反，他们没有"箭靶子"。这样的孩子，先不说在学习上，就是在生活中，他们也经常显得吊儿郎当，而且嘴上常会说"好无聊""好没趣""好麻烦"。

很多家长意识到了目标的重要性，看着眼前这个做事没长性的孩子便开始着急，于是就采取了简单粗暴的方式——替孩子制定目标，比如"下次考试，争取考95分以上"。你是否对孩子说过这

第七章 让孩子对待学习,像奥运冠军一样坚韧且有耐性

样的话?替孩子制定目标是父母们很容易进入的教育误区。

下面就来介绍果果妈妈如何培养孩子树立学习目标以及咬定目标不放松的技能。

 只有让孩子自己制定目标,他才愿意拼力实现

前面讲过,每个人都有"自主感"需求,也就是"自己的事情,要自己说了算"。当一个孩子的自主权被剥夺,被要求按照成年人的指示去做事的时候,不管学习还是生活,都容易让孩子产生逆反心理,本是用来激励孩子的目标却变成了他的负担。

先来做一个体验,大家就更加能理解孩子的感受了。

接下来,家长会看到一条指令,看完指令后闭上眼睛,等30秒再睁开。

现在看指令:请不要在脑子里想象一只粉红色的大象在你面前走来走去。

已经看到这里的家长,有谁在闭上眼睛的时候,真的没有去想象一只粉红色的大象呢?

面对目标,我们需要勇气和坚持才能实现。可是,面对别人强加给自己的目标,孩子不但不会产生挑战的冲动,而且很容易逆反着来。你越想让他考个好成绩,他就越觉得考没考好都无所谓。父母出于好心,帮孩子制定学习目标,希望他努力学习,但实际上孩子对这样的目标,并不会产生自主意愿。

10岁之前的孩子,对父母可能比较顺从,他们会把这个被强加的目标当作任务去执行,而10岁之后的孩子,马上进入前青春期,叛逆心理越来越强,于是很可能根本不会理会父母的这种期

待。如果父母依靠权威强硬施压的话,这个时期的孩子会更加逆反,从而破坏了亲子关系。

先不说大孩子,就是10岁之前的孩子,即便表面看起来按照父母制订的计划学习,但是当遇到正在窗外玩耍的朋友、画面鲜艳的游戏等诱惑的时候,也很难有抵抗力。因为在他们的跷跷板上,"诱惑"要比"目标"重太多。

为了避免这种情况发生,在果果并不擅长制定目标的时候,果果妈妈也没有横加干涉,而是耐心引导。

孩子没目标时,大人应该怎么办?

果果妈妈是做科研的,平时工作非常繁忙。但是果果还在幼儿园的时候,妈妈就尽量挤出周末时间带她去儿童职业体验中心进行小小医生、小小法官、小小护士等的**职业体验**。

通过这种方法,果果妈妈尽量给女儿提供与未来职业相关的信息。孩子有时候不会设定目标,很可能是因为经历不足导致的"认识不足"。就像我们小时候,被问及理想,大部分孩子会说"当个科学家"。因为那个年代我们的认知主要从课本上获得,而课本里描写比较多的就是科学家了,除此之外的其他职业,对于大部分孩子来说,了解少之又少。**没有认知的事情,就很难被设为目标。**

果果的爸爸妈妈也不例外,他们的目标也是当科学家。幸运的是,通过努力,他们真的成了科学家,实现了理想。周末的时候,妈妈有时还会特意带着果果到自己的实验室,让她了解自己平时的工作。

慢慢地,果果有了自己的目标。她的目标是当个科学家,长大后也能像爸爸妈妈一样做科研。每当女儿说起自己的这个目标时，妈妈都会趁机引导她思考：以后从事科研，需要具备什么条件呢？为了满足这些条件，现在应该做些什么呢？……然后跟孩子一起交流。

为了激发果果的目标感，果果妈妈还有一个小妙招。那就是在果果跟小伙伴们一起玩的时候，妈妈经常会寻找机会跟其中大一点的孩子们聊聊理想。这样，如果对方没有目标，正好可以引导他思考一下。如果对方有了目标，就会特别自豪地向别人介绍自己的目标。无论哪种情况，于对方都有好处，对果果也是很好的示范。这真是个利他又利己的方法。比如有一次，果果当时上二年级，跟几个孩子在玩沙子。谈起目标，其中一个五年级的小男孩说自己将来想考北京大学，因为李大钊和陈独秀在北京大学做过教授，他感觉那里的文化底蕴更浓一些。其他几个孩子听了，纷纷说起自己的目标，有的想考清华大学，有的想考军校……孩子们热火朝天地分享起自己的理想。结果，果果不但对北京大学和清华大学产生了好奇，还对李大钊和陈独秀产生了兴趣。当天晚饭的时候，她就缠着爸爸妈妈一起了解新文化运动到中国共产党成立的一段历史知识，还不断追问两所大学的情况。

暑假的时候，爸爸妈妈带着果果去参观了这两所高校。从学校里走出来，果果说想考清华大学。妈妈问她，为了考上清华大学，需要考什么样的高中呢？考这样的高中，先要考什么样的初中呢？为了考上这样的初中，现在应该做什么呢？就这样，在妈妈的一步步引导下，果果规划出了一条实现目标的路，并为此兴奋不已。

后来，妈妈还找时间带果果参观了几所她理想中的初中。参观其中一所学校的时候，果果被校园里美丽的环境深深吸引了："这个学校的环境太漂亮了,我要考这里。"带孩子参观理想中的学校,学校的教学楼、操场、体育厅,以及丰富多彩的社团活动……说不准哪一点就能激发出孩子的目标感。

在给果果提供信息之后,爸爸妈妈便静静地等待目标在孩子的心中生根发芽。妈妈还会找些机会强化她的目标,比如聊天的时候问问果果的理想,让她谈谈实现目标的计划,然后妈妈再聊聊自己的建议。这样不但能够及时了解孩子一段时期的学习状态,还能"水到渠成"地把自己的建议巧妙地传达给孩子。

因为目标是果果内心自发确立的,所以她有很强的动力去规划自己的行动。

现在总结果果妈妈培养孩子树立目标的过程,主要使用的有以下四种方法。

① 给孩子提供信息,拓展认知。比如,带孩子到职业体验机构进行职业体验、带孩子参观自己的工作场所等。

② 带孩子参观理想的大学、高中和初中,激发孩子的目标感。

③ 跟别的孩子聊聊理想,多途径激发孩子的目标感。

④ 创造机会与孩子聊聊目标以及实施计划,及时了解孩子的进展情况并提供自己的建议。

培养孩子咬定目标不放松的能力

除了让果果自己制定学习目标,妈妈还很注重培养她咬定目标不放松的技能。

咬定目标不放松是指确立一个目标并为实现目标而坚持不懈地努力。如果想让孩子一直朝着实现长期学习目标而努力,我们便需要像果果妈妈一样培养孩子坚守目标的能力。不管是为了考上理想的大学，还是为了考试取得好成绩，甚至为了购买期望的物品而存钱等，都需要拥有坚守目标的技能。果果妈妈培养果果这种技能的过程如下。

（1）从简单任务开始，完成后及时给予孩子肯定。

在果果很小的时候，妈妈便开始交给她一些非常简单的任务，而且任务的目标是"看得见"的，比如让果果用乐高拼搭一间屋子。从只有几块乐高开始，在果果不知道怎么拼搭的时候，妈妈会给她一些提示或帮助。在完成任务后妈妈还会给予肯定。比如，妈妈会说："尽管搭建屋子并不容易，但你仍然坚持到成功了。"

（2）帮助孩子进一步拓展能力，实现更遥远的目标。

在果果从搭建积木的过程中获得了成功体验后，妈妈又鼓励她跟自己一起整理房间，并且在必要时提供最低限度的帮助和示范，保证孩子获得成就感。完成后，妈妈及时肯定她的坚持。这一步会让孩子懂得要想熟练掌握一项新的技能，需要花时间和精力耐心练习。

（3）鼓励孩子为获得自己期待的物品存钱。

果果上小学后，妈妈会给她一些零花钱，并鼓励她为购买期望的物品而存钱，这是培养孩子咬定目标不放松的另一种有效方式。

（4）引导孩子将在生活中习得的坚持用在体育锻炼和学习上。

每次果果在学习中遇到困难想放弃的时候，妈妈都会提醒她想想在生活中是怎么做到坚持的。

在这个过程中，为保证效果，果果妈妈使用了三个小技巧。

技巧1：适当提供一些小奖励。

在果果完成一些不是十分有趣的任务时，比如家务活，如果她缺乏一些毅力，在完成某一部分的家务活时，妈妈会给果果一些小奖励使她继续做下去，直到完成。要确保用来激励孩子的小奖励是他真正喜欢的，而且奖励不易太频繁，以给予及时鼓励为主。

技巧2：逐渐延长实现目标的时间。

刚开始，提出的目标最好能在几分钟之内就能实现，最长不要超过一小时。然后逐步延长任务时间，这样孩子能够坚持更长时间去实现目标。在孩子能力提升的过程中，家长要给出及时的积极反馈。

技巧3：提醒孩子，他正在朝什么目标迈进。

如果是为了买一件玩具而存钱，妈妈就让果果把那件玩具画出来，把图贴在卧室的墙上。视觉提示通常比口头提示更有效。

同样的道理，把孩子心仪的学校的图片打印出来贴到学习时抬头所见的地方也是很好的激励方式。

正确对待挫折：让孩子的学习态度变得努力又坚毅

前面提到，小恩和肖肖在学习行为上有很大的不同。小恩对学习非常有耐心，专门准备了错题本，认真改正、总结每一道出现错误的题目，不但如此，他还经常要求自己通过额外的练习自检和巩固学过的知识；肖肖在学习的时候则很容易烦躁，缺乏坚持，每天勉强写完作业就不愿再多写一个字，多做一道题。

出现这种情况背后的另一个关键原因是，两个孩子对待错误和失败的不同态度。

同样是没考好，跟很多孩子一样，小恩也觉得难过，但他会很快调整好状态，及时总结应对策略，重新投入学习中。在他眼里，卷子上的红叉是来帮助自己提高水平的。

肖肖则会用发脾气来掩盖自己的挫败感，大喊大叫表示自己不想再学习了。在他的眼里，卷子上那一个个红叉就是在为难自己。

孩子对待错误和失败的态度，决定了他的学习成长速度

人类的大脑有一个机制，对于那些让我们产生糟糕体验的事物，潜意识里就会避而远之。比如我们在吃了某种令人难以下咽的食物之后，不用说看到，就单单闻到气味都能想起以前不愉快的经历，从而拒绝再吃这种食物。

大脑的这种趋利避害的特性本是为了保护我们的生命安全，只是有时候会"误伤"。比如，如果像肖肖那样每次考试后都如临大敌，大脑就会非常抗拒学习。中国有句俗语："一朝被蛇咬，十年怕井绳。"

学习中，犯错误和遭遇失败是每个孩子在所难免的事情，父母最重要的是教会孩子正确看待错误和失败。大脑趋利避害的机制决定了：只有感觉好，孩子才会做得更好。学习也一样。

这是父母们都懂得的道理，但是现实往往反其道而行之，是因为我们自己的成长经历让我们产生了一种刻在骨子里的错误的教育认知：孩子犯错时，要严厉批评责骂，只有这样，才能让他加深痛苦，才能长记性，保证以后不再犯同样的错。

在这种潜在的错误心理驱使下，每当肖肖开始学习，妈妈就时刻盯着，还特别敏感。孩子写错字，妈妈"及时"出现："态度这

么不端正，这么简单的字都能写错！"孩子做错题，妈妈又"及时"出现："这么简单的题目都做不对吗？能不能长点心！"

就这样，父母经常人为地让孩子在学习上经历糟糕的体验，尤其是在孩子做错题或考试失败的时候。

大脑为了避免糟糕体验，孩子就会变"懒"，能不多写一个字就不多写，学习上能不做题就不做题。更可怕的是，孩子学习时烦躁不安的情绪会自动在大脑中留下记忆，每当到了该学习的时候，记忆会自动浮现，而且会在不知不觉中就感觉焦躁不安。

为了避免这种情况发生，小恩的妈妈用了跟肖肖妈妈截然不同的教育方式。她除了用欣赏的眼光看待孩子的学习外，还特别注重引导孩子积极面对错误和失败，让孩子在错误和失败中成长。**孩子对待错误和失败的态度，决定了他的学习成长速度。**

 3个关键让孩子明白"错误是学习的好机会"，拥有成长好心态

关键1：引导孩子把关注点放在犯错后，获得成长的地方。

小恩很小的时候，洒了牛奶，妈妈会平和地问他："现在要做些什么呢？"小恩说把牛奶擦干净。妈妈递给他一块抹布。等孩子把桌上的牛奶收拾干净后，妈妈又会问："这次洒了牛奶你学到了什么？下次怎么做才能不再洒了呢？""下次我只倒半杯，端杯子的时候我可以用另一只手托着杯底。"小恩奶声奶气地回答妈妈。

等到小恩上了学，做错题的时候，妈妈会问他从这道题中学到了什么，打算下次怎么做，而不是说："你怎么又做错了？"

经过反思总结，孩子有了收获，他的内心就会愉悦。如果是

"你怎么又犯错误了?"他的内心就会产生自责、内疚感,从而抗拒学习。

关键 2:让孩子明白,犯错误很正常,每个人都会犯错误。

小恩的妈妈平时也会有疲惫、无助的时候,偶尔也会发脾气。但是,跟大部分父母不同的是,发完脾气的她不会把精力花在自责内耗上面,她会对自己说:"我就是一个平凡的妈妈,我也会犯错误。犯错误不要紧,从中获得成长就好了。"这是一句神奇有魔力的话,它会让我们快速平和下来。平静下来后,她还会把这种理念传达给孩子:"哎呀,你看妈妈刚才又犯了一个错误。妈妈是个普通人,也会发脾气,妈妈从这件事中获得的成长是……"

正如小恩妈妈所言,作为父母,在教育孩子的过程中,我们会累,会无助,会失控,会犯错。而犯了错误从中获得成长,让自己下一次做得更好一点,本身就是对孩子最好的示范,能胜过千言万语。

对于孩子的成长,60 分的真实父母好过假装 100 分的完美父母!

实际上,养育孩子的过程就是父母不断试错,修正,寻找新的平衡点的过程。如果能够意识到这一点,父母的养育压力会减少大半,孩子也会非常轻松。这样孩子在犯错误时,心态就会比较平和。

关键 3:给孩子示范犯错后承担责任,关注解决问题。

如果因为孩子做错了事情而对他发了脾气,在情绪平和下来后,小恩的妈妈经常用到正面管教中矫正错误的 3R 原则跟孩子沟通。

- 向孩子承认错误(Recognize):对不起,妈妈刚才犯了一个错误，对你发了脾气。

- 道歉（Reconcile）：我向你道歉。
- 关注解决问题（Resolve）：让我们一起来看看这个问题（错误）怎么解决吧！

小恩妈妈用 3R 原则让小恩具备了积极面对错误的良好心态。

千万不要让孩子因为害怕犯错而畏手畏脚，裹足不前，这样就失去了很多学习的好机会。把错误当作学习的好机会是一种成长的心态。

著名心理学家卡罗尔·德韦克经过一系列的研究发现，自律、努力、勇气及成长心态才让人拥有执行力，具备创造力与毅力，从而获得更多的学问和更大的成功。

《性格的力量》的作者保罗·图赫也曾经写道：成功的关键因素是让孩子从小面对困难和失败，学习克服困难，正确面对失败。

要想让孩子像小恩一样，把错误和失败变成助力学习提升的两大利器，而不是敌人，除了让孩子意识到，错误是成长的好机会外，还要让孩子正确看待失败，养成跟自己比，每次进步一点点的习惯。

让孩子懂得"每次进步一点点"，他才会勇敢面对失败

小恩一年级的时候，小区里的孩子们正盛行玩娃娃跳，一种类似踩高跷的运动。小恩也想参加，第一次尝试，他跳了一个便摔倒在地。看着周围那些早已熟练的孩子，小恩便产生了挫败感，不想再尝试了。这时候妈妈走过来鼓励他："第一次跳你就能跳起来呢，要不要再试一次？只要这次能跳两个，比第一次多就很好。"小恩一听只跳两个，自己应该可以做到。于是爬起来又试了一次，

结果跳了3个。妈妈用欣赏的口吻说道:"哇,跳了3个,比预想的还要多呢。要不要再试一次,能跳到5个就很好。"结果小恩一下子跳到了10个。就这样,妈妈用"每次进步一点点"的办法不断地鼓励小恩。等小恩能跳到50个的时候,妈妈鼓励他试试能不能跳到100个,结果小恩很快就熟练掌握了娃娃跳的技巧,远远超过了100个。虽然累得满头大汗,但是小恩心里充满了自豪。

"跟自己比,每次进步一点点。"妈妈用这种方法教会了小恩平和、坚毅地面对生活和学习中的每一次挫折。小恩变得越来越勇敢、坚毅。

在对待小恩的学习上,妈妈也经常用这种方法。背九九口诀表的时候,一开始小恩只能背到3,妈妈会说:"哇,这么快就背到3了呢,试试能不能背到5。"等小恩背到5的时候,妈妈又说:"已经背到5了,那很快就能背到7了。"很快,小恩顺利地背熟了九九乘法口诀。

看不到自身进步而放弃是成年人无法坚持的根本原因之一,对于孩子也是这样。父母一定要鼓励孩子跟自己作比较,帮助孩子看到自身的进步。本书第四章第二节中介绍过另一种办法,就是制作学习自信树,将孩子的进步用可视化的方法表达出来,也很不错。

培养孩子对学习严格要求:杜绝年级升高,成绩下降

天天和东东是兄弟俩。天天是哥哥,是一名小学三年级的学

生；东东是弟弟，在上幼儿园大班。弟弟东东的上进心非常强，哥哥天天则对什么都一副无所谓的样子。

幼儿园为了培养孩子们制订计划的习惯，以便更顺利地适应小学生活，会要求大班的孩子在前一天晚上做好第二天的活动计划。不需要父母提醒，东东自己就可以很好地完成，偶尔哪一天忘了，即便已经熄灯准备睡觉了，他也要爬起来打开灯把计划做完再睡。东东知道自己即将上小学，所以会缠着妈妈教自己写字。对于笔画比较多的字，东东经常一边练习一边给自己鼓劲儿："我今天非得把它学会不行！"

天天跟弟弟性格不同。他的一系列表现给父母的感觉是：作业做得好坏无所谓，考得好赖无所谓，上学迟不迟到无所谓。当然，这种性格也有独特的优点，天天性格很随和，人缘特别好。但是，在学习上，父母还是希望他能够再多一些上进心。

上进心对孩子的学习到底有多重要？

发展心理学家爱利克·埃里克森（Erik H Erikson）在社会心理发展学中提出了著名的人格发展八阶段理论，这是一个非常具有参考意义的教育理论。八阶段理论把一个人一生的心理发展划分为8个阶段，每个阶段都有其特定的人格发展任务。

该理论指出，每一阶段的任务能否顺利完成是由环境决定的，而且8个阶段之间是相互影响的，如果处在某一阶段的孩子，无法顺利完成本应该在该阶段完成的心理成长，那么他的人格在下一阶段的发展就会受到阻碍。所以，孩子每一个阶段的发展都是不可忽视的，任何年龄段的教育失误，都会给一个人的终生发展造成障碍。

人格发展八阶段理论总结见表7-1。

表7-1 人格发展八阶段理论

婴儿期（0～1.5岁）	通过与成人建立固定的抚养关系，获得信任感
幼儿期（1.5～3岁）	通过掌握生活中的小技能，获得自主感，避免产生羞耻感
学龄初期（3～6岁）	通过探索新鲜事物，获得主动性，避免产生内疚感
学龄期（6～12岁）	通过勤奋上进学习，获得成就感，避免产生自卑感
青春期（12～18岁）	通过对外界的思考和互动，认识自己，建立自我感
成年早期（18～25岁）	通过恋爱和组建家庭，建立亲密关系
成年期（25～65岁）	通过成家立业，获得贡献和创造感
老年期（65岁以上）	如果以上各个阶段都能保持积极向上的品质发展，晚年就会对一生产生满足感，由此构成一个优良的生命周期

对于6～12岁学龄期的孩子，最主要的发展任务是通过勤奋学习获得成就感，避免形成自卑型人格。勤奋学习的背后需要上进心的驱动。

这一阶段的孩子如果缺乏上进心，对什么都表现出满不在乎的样子，他就很难要求自己勤奋学习，就很容易产生自卑感。这样的孩子在学习上很容易后劲儿不足，随着年级的升高，成绩不断下降。长大后，工作中也往往会表现出一副懒懒散散的状态。相反，像东东一样具有上进心的孩子，哪怕暂时学习成绩一般，但通常都很有后劲儿，只要不断努力，终会取得不错的成绩。长大后，在工作中也能通过持续努力，过上自主充实的生活。

5种方法培养孩子的上进心，让他在学习上严格要求自己

天天的妈妈通过5个简单方法培养了他的上进心，在他上五年级的时候，已经能够自己严格地要求自己的学习了。比如写字一定要写工整，当天的课堂内容一定要掌握熟练，不会的问题会及时请教老师等。

方法1：通过鼓励激发孩子的上进心。

天天放学回家后高兴地跟妈妈说自己在学校把作业全都做完了。妈妈微笑着说："哇，不用妈妈提醒，你自己就主动把作业完成了，你能为自己的学习负责了。这就叫作上进。"天天听了，非常开心，更愿意管理好自己的学习了。妈妈这样做不但让孩子知道什么叫上进心，还激发了天天下次做得更好的愿望。

比起不允许做什么，孩子更愿意做被别人认可的事情，生活中经常肯定孩子的上进心，他就能体会到严格要求自己是好事，自己需要上进心。

小技巧：家长朋友们可以经常使用第六章第四节介绍过的鼓励三句式，激发孩子的上进心。

方法2：营造有竞争气氛的环境激发孩子的上进心。

在家里，天天的爸爸妈妈会用心营造一些竞争气氛。他们会各自选定一个目标，比如爸爸读书、妈妈运动、天天早起朗读，看看谁坚持的时间更长（表7-2）。

表7-2 比比看表

比比看												
爸爸读书	√	√	√	√	√							
妈妈运动	√	√	√		√	√						
天天早起朗读	√	√	√	√	√	√	√	√	√	√		

有输赢的游戏，对于那些缺乏上进心的孩子是很好的锻炼。天天妈妈有时间的时候，会陪着孩子们做一些有竞争性的小游戏。

跟孩子比赛的时候，我们要善于观察孩子的变化，哪怕是微小的进步，我们都要毫不犹豫地表达欣赏。这样做不但能让孩子感受到父母的关心，还有助于激发孩子的上进心，让他们觉得这件事我也能做好。孩子有了上进心，他就会对自己的学习有更加严格的要求。

小技巧：将竞争过程可视化呈现出来，保证胜负清晰可见，更有利于达到效果。

方法3：运用榜样的力量激发孩子的上进心。

天天妈妈在平时做事的时候，自己就很注意避免差不多就行了的心态，每次都会尽力把事情做到力所能及的最好。在家里激发孩子上进的最好的方法是让孩子看到爸爸妈妈对自己的学习和工作的高要求。比如爸爸为了考取建筑师资格证而严格自律学习，妈妈养成晚饭后雷打不动读书一小时的习惯等。总之父母要在孩子面前展现出一种挑战学习新知识的姿态。我们希望孩子做到的，自己就要先做到，这是最有保证的教育方法。如果晚饭后，父母就躺在沙发上刷手机，那么孩子也很难有学习方面的上进心。孩子的所有问题，都可以在父母身上找到影子，与其苛责孩子没有上进心，不如先成为孩子的榜样。

小技巧：在给孩子选择学习环境的时候，家长要关注一下孩子的身边是否有积极向上的朋友或同学。有和自己拥有共同目标的同伴，更容易相互激发，相互促进。

方法4：把学到的知识用到现实生活中。

前面提到的楠木的妈妈带孩子去超市给孩子出题和让孩子当"小老师"的方法也是天天妈妈经常使用的方法，这种方法可以让孩子体验到书本上学到的知识在现实当中的实际用处，从而激发孩子在学习上的进取心。

激发孩子上进心的一种简单的办法，就是让他们把学到的知识应用到实际，并让他们看到实际的效果。显然，我们不可能把所有在学校学到的知识都和实际联系起来，但是偶尔使用一下，让孩子看到效果就很管用。

小技巧：父母也可以给孩子讲讲自己是如何运用学到的知识来解决生活中的问题的。

方法5：引导孩子跟自己比，把关注点放在自身的成长上。

这种方法对于有多个孩子的家庭格外重要。

由于弟弟上进心强，平时很多事做得比天天要好。越是如此，妈妈越是注意不在两个孩子之间作比较，妈妈不会说："你看看弟弟比你小，做得都比你好。"这样会适得其反，让孩子产生挫败感，更加失去上进心。

看到弟弟做得比自己好，天天有时候也会产生挫败感。这时，妈妈就会引导他跟自己比："你看，已经比上次进步一些了。"具体方法在上一节有详细介绍，在此不再赘述。

尤其是孩子没有考好的时候，家长不要拿自己的孩子跟别的孩子比。最重要的并不是孩子的名次,而是这次成绩和上次比,孩子是否有进步。这才是利用考试激发孩子上进心的正确方法。作为家长,我们要积极地发掘孩子进步的地方,然后给他加把劲儿。孩子就有可能把"想学好"变成"我一定要学好"。

小技巧:用长期的眼光观察孩子的成绩变化,让孩子对自己进行评价,这样更容易激发孩子的进取心。

考试失利,家长如何有效帮助孩子摆脱困局?

本章的一个重要主题就是要培养孩子在学习上持之以恒、坚忍不拔的品质。

在孩子平时的测验、模拟考试以及正式考试中,无法每次都一帆风顺,孩子肯定会有遭遇失败的时候。

孩子考试失败时,父母都希望能够帮助孩子重整旗鼓,迎接下一次挑战。但是,现实中,成年人经常会犯同样的错误——安慰孩子。

 当孩子陷入失落时,安慰容易起到反作用

当孩子考试失败,陷入失落情绪中时,出于关爱我们常会安慰孩子说:"你已经很努力了,失败了也没什么,下次再继续努力就好了。"

父母的初心是想让孩子尽快走出失落的情绪,继续努力,下次考好，但是安慰孩子真的能够达到这样的目的吗？

从帮助孩子建立自信、提升耐挫力的角度来看，父母的安慰只会适得其反。尤其是孩子真的非常努力却失败的时候，大人的安慰对于孩子来说，可能是伤口上撒盐。为什么这么说呢？因为自己拼命努力换来的却是失败，父母或老师的安慰强化了自己努力的事实，更加证实无论多么努力也没办法取得好成绩。当自己能够掌控的努力与结果失去关联时，所产生的无力感足以吞噬一个孩子对学习的自信。

原本出于好心而安慰孩子的"良药"，很可能成为让孩子失去信心的"毒药"。失败并不可怕，真正可怕的是失败的经历使得孩子失去信心。因为人一旦丧失信心，就会举步维艰。

当孩子认真努力之后，但考试依然失败时，想要激励他们重整旗鼓，不需要安慰的语言，只需要默默陪伴，接纳他的任何情绪。**接纳本身就是对孩子最好的支持。**

也可以共情孩子。共情和安慰是有很大区别的。"安慰"是成年人把自己的评价表达出来，并没有关注到孩子的需求，安慰很容易把自己失望、焦虑或不安的情绪传递给孩子；共情则是站在孩子的角度，推测孩子的心情，把这种心情表达出来，从而引起共鸣。一句"我理解你的心情"，就可以让孩子感受到温暖和力量，而不会消极地认定"这次考不好，以后肯定也考不好"，避免陷入消沉。

接纳孩子的情绪后，还要想办法让他们看到，自己还有实现目标的希望，从而让他重拾"一定能够实现目标"的自信。

找出有利于孩子进步的"好"原因

等孩子的情绪平和下来后,跟孩子一起分析导致失败的原因,找出有益于孩子继续努力的"好"的原因——能够掌控的原因,忽略那些无法掌控的原因。

"好"的原因是指孩子自己容易掌控的"努力的细节"和"具体方法"的信息,比如增加学习时间、改变学习方法等。《高效能人士的七个习惯》中也指出,成功的人都是做好自己能力范围之内的事情,即影响圈内的事情,然后不断扩大自己的影响圈。失败的人习惯关注自身能够掌控范围之外的事情。

对于孩子的学习来说,努力的程度和学习方法就是他们影响圈之内的事情,属于"好"的原因;运气、性格、外界环境则是影响圈之外的事情,是孩子无法左右的因素。找出的原因如果是自己无法控制的,那也是没有意义的。万一真是因为某种无法掌控的因素导致的失败,那就坦然接受就好。孩子的未来从来都不是由单独哪一次考试成功或失败决定的。

另外,获得成功的时候,父母也可以引导孩子总结出取得成功的可控因素,并将其继续用于接下来的挑战中,这样会让成功的概率大大增加,很多时候,成功是可以复制的。

那么什么时候适合安慰孩子呢?就是当他们做错了事情的时候,我们应该宽容、安慰他们。这个时候的安慰,能够帮助他们认识到自己的错误,接纳自己,实施行动改变自己。对于失败的结果,安慰没有什么好处,和孩子一起找到原因和改进的办法才是第一要务。

针对原因给出具体建议，帮孩子改进提升

孩子考试失败时，进行反思，找出自己能够掌控的原因之后，还有很关键的一步，即针对原因制订行动计划，然后一步步去实施，就能避免同样的失败，从而获得能力的提升。

当孩子平时测验或考试失利，拿着试卷回到家，我们跟孩子一起找出原因后，一定要针对原因，给孩子提出具体的行动建议。

比如："你之前花在学习上的时间还是不够，每天可以再增加1小时。""之前先复习再做题的方法可能有些问题，以后我们尝试先做题再查漏补缺的复习方法怎么样？""这次考查的是基础知识，接下来我们重点巩固基础知识吧。"

类似这样的话，不但能够让孩子对接下来的学习有清晰具体的改进方法，还会让他产生"自己还有改进的空间""再努力一下，我一定可以取得好成绩"的信念。这样的话，孩子的心里也就痛快敞亮了。

最后，还要注意尽量不要给出孩子负面反馈，在说话的时候要保持温和的口吻，否则会让孩子理解为这是对自己的批评和否定。我们跟孩子聊天时的原则一定是提出可以操作的建议，而不是负面情绪的发泄或批评。

家长这样做，孩子的日常模拟考试会一次比一次进步，等到最后正式考试时，也一定能考好。